AF533664

Sonja Berndl

WANDERFÜHRER LALLINGER WINKEL UND SONNENWALD

Die schönsten Touren zwischen Deggendorf und Schönberg

SüdOst Verlag

Vorwort

Ich heiße Sonja Berndl, lebe im Bayerischen Wald und bin von der Natur begeistert. Neben meinem Beruf als Diplom-Sozialpädagogin habe ich deshalb Ausbildungen zur Waldführerin im Nationalpark Bayerischer Wald und zur Fachberaterin für essbare Wildpflanzen absolviert. Beides ist mit dem Aufenthalt in der Natur verbunden und kommt meiner Begeisterung für das Wandern entgegen.
Leidenschaftlich gern schnüre ich die Wanderstiefel und durchstreife den Bayerischen Wald auch abseits bekannter Wege. Die Region zwischen Deggendorf und Schönberg ist dafür ideal. Die abwechslungsreiche Landschaft hat alles zu bieten, was das Wander*innenherz höherschlagen lässt: hohe und niedrige Berge, ein vielfältiges Landschaftsrelief, bunte Blumenwiesen, naturnahe Wälder und idyllische Täler mit plätschernden Bächen. Herrliche Aussichten, die bei entsprechendem Wetter sogar bis zu den Alpen reichen, machen die Wanderungen zu einem besonderen Erlebnis. Viele Gebiete sind ruhig und abgeschieden.
Da die Region so schön ist, kam ich auf die Idee, einen Wanderführer über die Gegend zu schreiben. Beim Verlag Battenberg-Gietl bin ich damit sofort auf offene Ohren gestoßen. Als das geklärt war, ging es an die Umsetzung. Wie gehe ich vor?
Zuerst tüftle ich auf den Wanderkarten eine Tour aus. Es gibt viele reizvolle Routen. Da fällt die Auswahl nicht leicht. Dann nehme ich sie unter die Füße, werfe die Tour während der Wanderung schon mal um, weil ein anderer Weg oder Blick attraktiver ist.
Nachdem die Tour steht und geschrieben ist, prüfe ich sie erneut. Stimmen alle Richtungen? Sind markante Punkte richtig bezeichnet und an der richtigen Stelle? Ist die Beschreibung plausibel, einleuchtend und nachvollziehbar? Es gibt viele weitere Fragen zu klären: Wie soll der Titel der Tour lauten? Wie die Kurzbeschreibung?
Es folgt das Fotoshooting und die schwierige Auswahl der Fotos. Welche Bilder vermitteln am besten einen Eindruck von der Wanderung? Passt der Himmel? Soll dieser oder jener Weg in den Wanderführer, dieser Blick oder jener Felsen, dieser Totholzbaum oder jene Blume? Nun werden die Bilder beschriftet und so weiter. Sie sehen, da hängt eine Menge „Arbeit“ dran. Sie allerdings brauchen jetzt nur noch losgehen.
Entdecken Sie mit dem Wanderführer das Besondere dieser Landschaft. Es gibt kurze und lange Touren, Touren mit steilen Auf- und

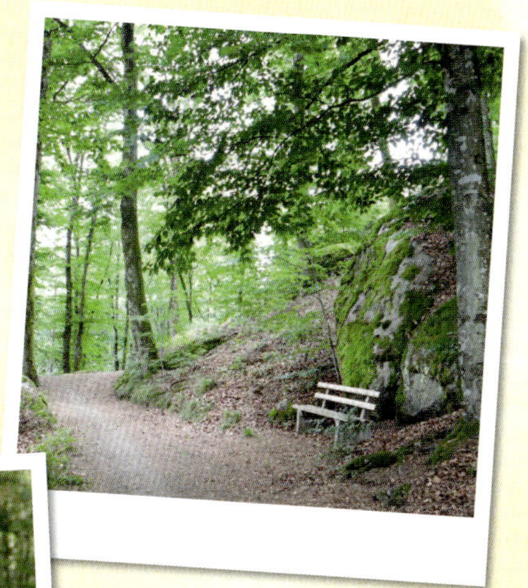

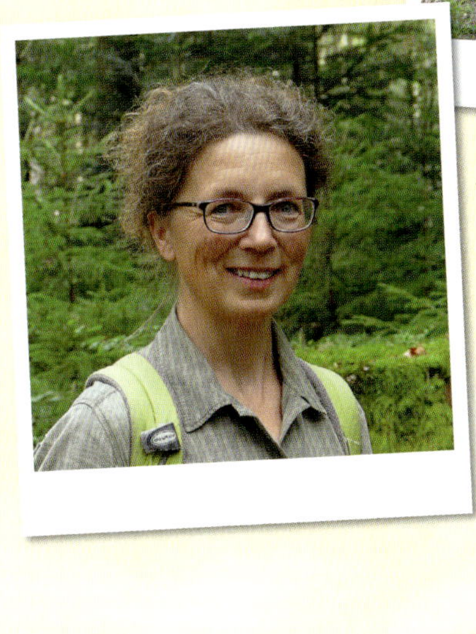

Abstiegen oder flachere Rundwege, Touren durch schattigen Wald oder über offene, sonnige Wiesen. Natürlich finden Sie Klassiker wie Wanderungen auf die Berge Büchelstein, Brotjacklriegel und Geßingerstein. Gleichwohl finden Sie auch Touren abseits ausgetretener Wege. Egal, für welche Wanderung Sie sich entscheiden, hier können Sie die schöne Natur in Ruhe genießen.

Ich wünsche Ihnen viel Freude beim Wandern und Entdecken.

Sonja Berndt

Inhaltsverzeichnis

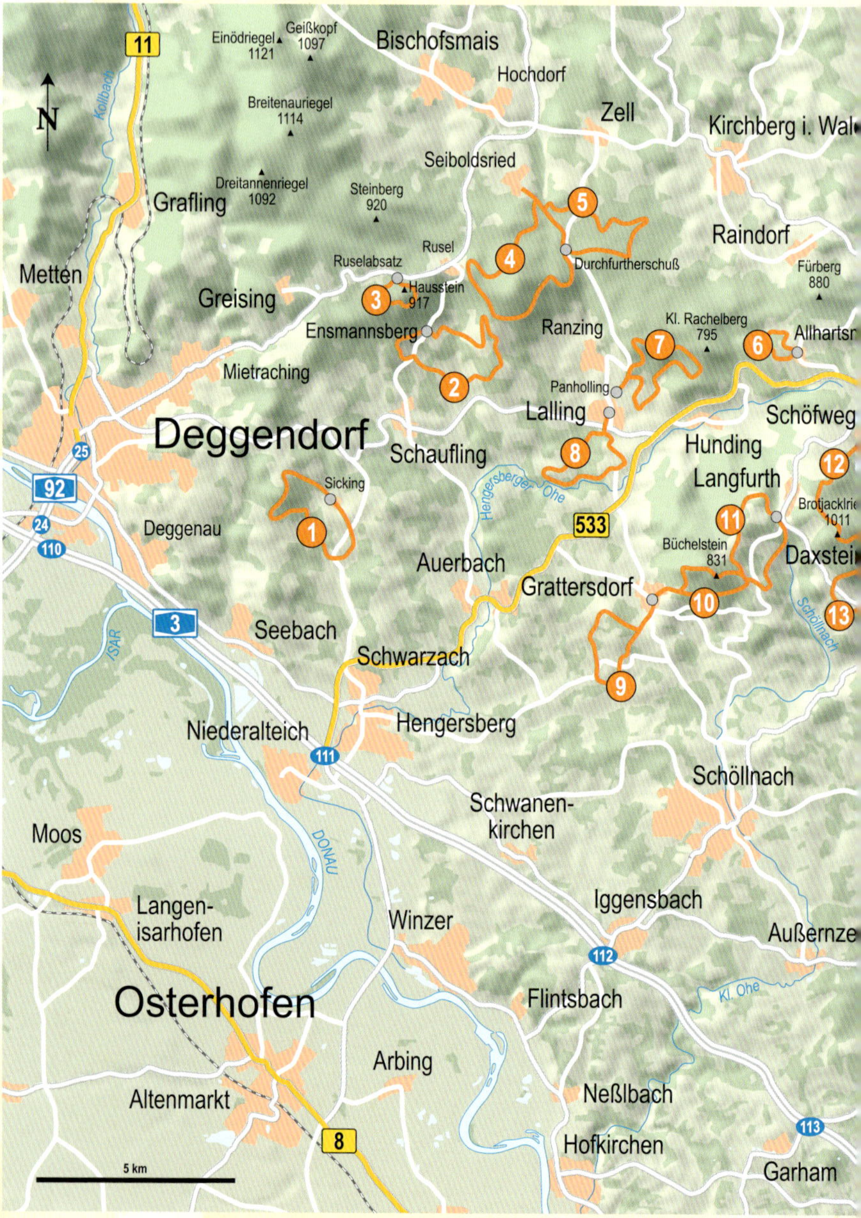

N
11
Kollbach
Einödriegel
1121
Geißkopf
1097
Bischofsmais
Hochdorf
Zell
Kirchberg i. Wal
Breitenauriegel
1114
Seiboldsried
Dreitannenriegel
1092
Grafling
Steinberg
920
5
Raindorf
Rusel
4
Durchfurtherschuß
Fürberg
880
Metten
Ruselabsatz
Hausstein
917
3
Greising
Ensmannsberg
Ranzing
Kl. Rachelberg
795
7
6
Allhartsr
Mietraching
2
Panholling
Lalling
Schöfweg
Deggendorf
25
Schaufling
Hunding
8
92
Langfurth
12
Sicking
Hengersberger Ohe
Brotjacklrie
1011
24
Deggenau
1
533
11
110
Büchelstein
831
Auerbach
Daxstei
Grattersdorf
10
3
Schöllnach
13
ISAR
Seebach
Schwarzach
9
Niederalteich
Hengersberg
111
Schöllnach
Schwanen-
kirchen
Moos
DONAU
Langen-
isarhofen
Winzer
Iggensbach
Außernze
112
Kl. Ohe
Osterhofen
Flintsbach
Arbing
Neßlbach
Altenmarkt
113
8
Hofkirchen
5 km
Garham

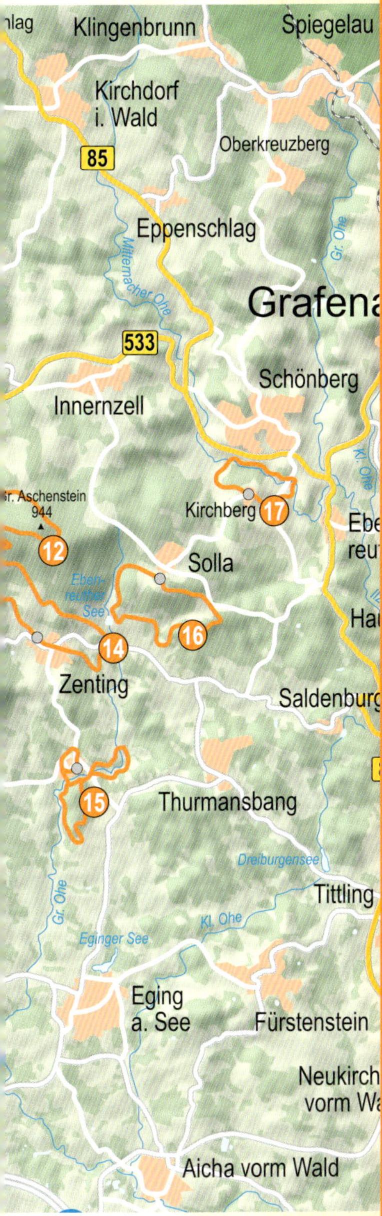

1. Zauberhafter alter Schul- und Kirchenweg
2. Auf und ab zu historischen Bauernhäusern
3. Königlich: Königstein und Geßingerstein
4. Um den Leopoldshochwald
5. Naturjuwel Todtenauer Hochmoor
6. Das Heckenparadies von Allhartsmais
7. Streuobstwiesen und Leitenbichelhänge
8. Der Steinbruchsteig von Lalling
9. Gemütliche Runde bei Grattersdorf
10. Der Büchelstein: Wo Drachen fliegen
11. Wandern mit Weitblick: Die Steinbergrunde
12. Bergausflug: Brotjacklriegel und Aschenstein
13. Aussichtsreiche Wald- und Wiesenrunde bei Daxstein
14. Panoramarunde bei Zenting
15. Stille Täler und Burg Ranfels
16. Wasser, Wald und Wackelstein
17. Zum Gefühlsweg an der Mitternacher Ohe

Die Regionen Lallinger Winkel und Sonnenwald im Bayerischen Wald

Die Regionen Lallinger Winkel und Sonnenwald befinden sich im Bayerischen Wald. Dieser Höhenzug durchzieht den Landstrich auf einer Linie von Nordwesten nach Südosten, erstreckt sich von der bayerisch-tschechischen Grenze bis zur Donau und grenzt im Südosten an Österreich. Vor vielen Millionen von Jahren war er über 6000 Meter hoch. Heute handelt es sich um ein Mittelgebirge, das geologisch in Stufen aufgebaut ist. Sie beginnen an der Donau mit Höhen von um die 300 m ü. NN und steigen bei der ersten Stufe auf etwa 1100 m an. Mit dem höchsten Berg, dem Großen Arber, erreichen sie eine Höhe von 1456 m.

Arberblick

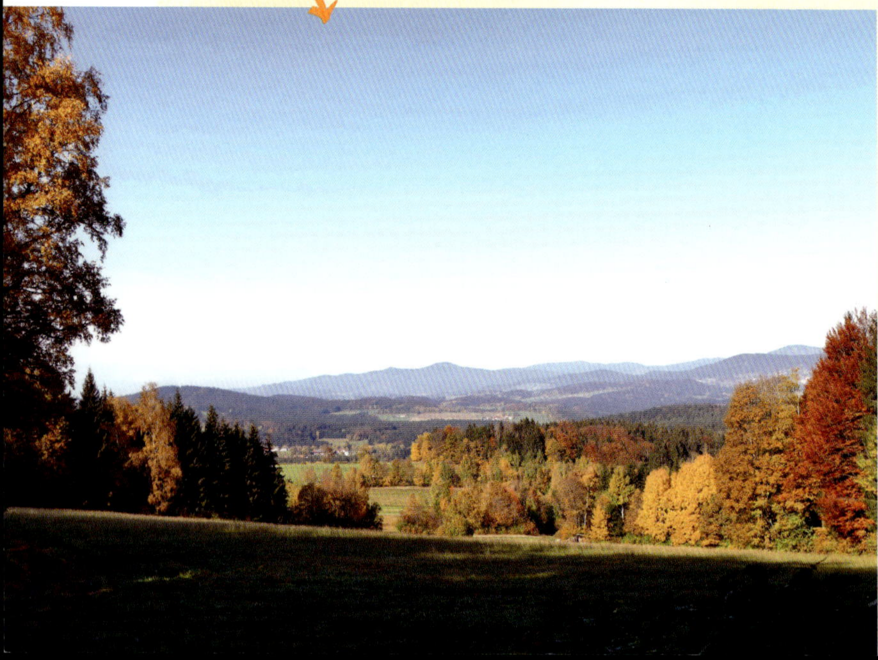

Zwei besondere Schutzgebiete prägen den Bayerischen Wald: der Nationalpark und der Naturpark. Der Nationalpark befindet sich an der Grenze zur Tschechischen Republik und zielt primär auf den Schutz der Natur ab, die sich selbst überlassen bleibt. Der Naturpark reicht von der tschechischen Grenze bis zur Donau. Sein Ziel ist es, sowohl die Kulturlandschaft als auch Tiere und Pflanzen unter besonderer Berücksichtigung der Regionalentwicklung zu schützen.

Die Regionen Lallinger Winkel und Sonnenwald liegen nordöstlich der Donau im Naturpark Bayerischer Wald. Sie sind in eine der ersten Stufen eingebettet, weisen enorme Höhenunterschiede auf und liegen auf Höhen zwischen 400 und über 1000 m. Dadurch bietet die Gegend ein überaus abwechslungsreiches und reizvolles Landschaftsrelief mit kleinteiligen, überschaubaren Strukturen. Sanfte Hügel, hohe Bergrücken, sattgrüne und bunte Wiesen, mäandernde Bäche sowie naturnahe Wälder prägen das Landschaftsbild und laden zum Wandern ein. Ruhe und schöne Natur sind hier Programm. Natürlich gibt es auch Hot-Spots der Begegnungen, gleichwohl findet man auf abseits gelegenen Wegen viel öfter das beschauliche und entspannte Naturerlebnis.

Blick auf die Donauebene

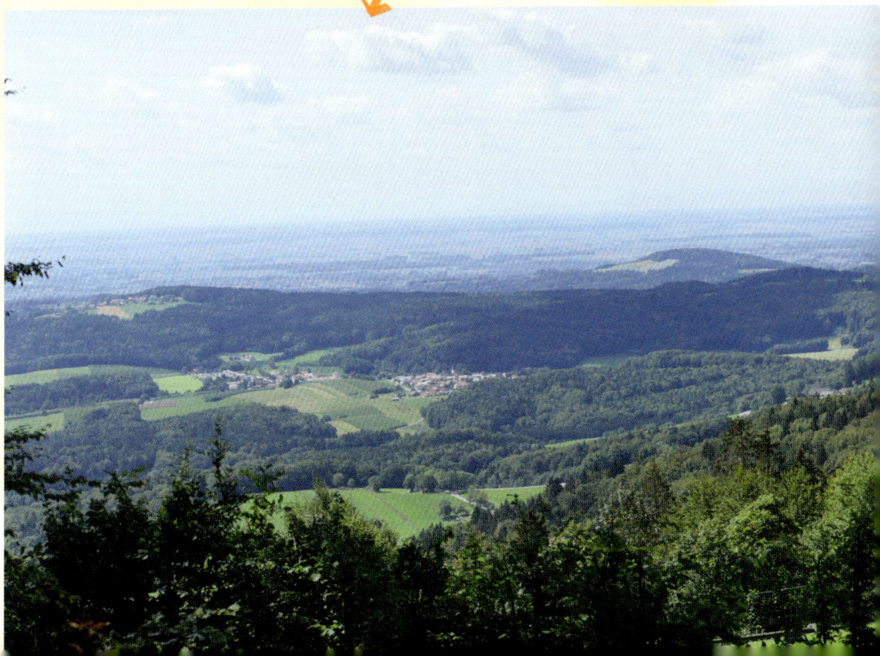

Der Sonnenwald

Die Region Sonnenwald in unmittelbarer Nachbarschaft zum Lallinger Winkel grenzt an die Landkreise Deggendorf und Regen und ist ein Zusammenschluss mehrerer Gemeinden um den Brotjacklriegel (1011 m) als höchstem Punkt. Der tiefste Punkt liegt bei etwa 400 m. Viele Wiesen und Wälder am Brotjacklriegel werden nach den Richtlinien von „FFH"- und „Natura 2000"- Schutzgebieten bewirtschaftet. Dadurch fühlen sich seltene Tier- und Pflanzenarten wohl. Orchideen und Arnika blühen, Ameisenbläulinge und Luchse nutzen die vielfältige Landschaft als Lebensraum. Hier und abseits vom Brotjacklriegel durchzieht ein attraktives örtliches und überörtliches Wanderwegenetz das herrliche Gebiet inmitten schöner Natur. Die Wege sind sehr vielgestaltig, führen sowohl in stille Täler mit lauschigen Bächen als auch auf die bewaldeten und doch aussichtsreichen Berge. *www.region-sonnenwald.de*

Blick im Sonnenwald

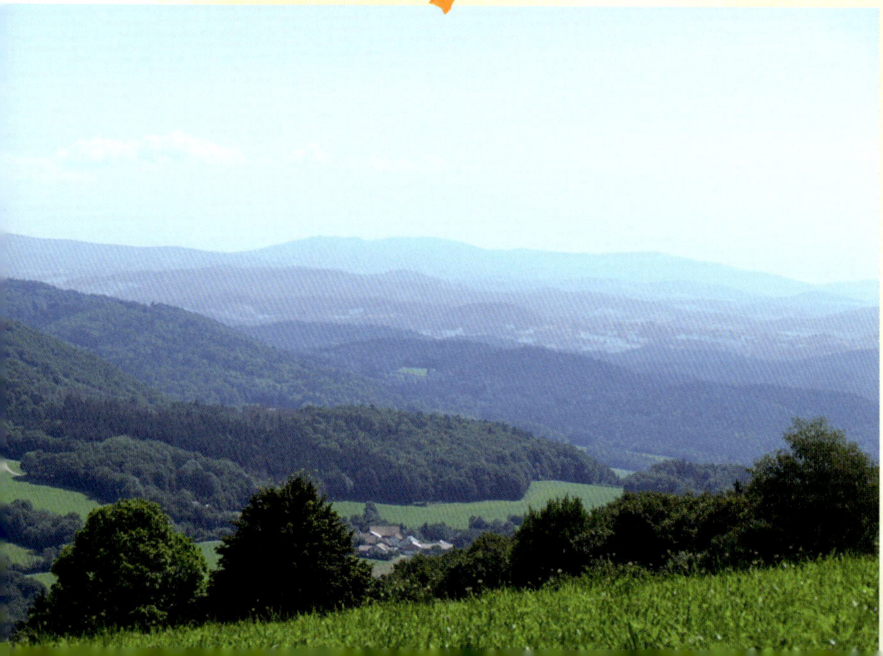

Der Lallinger Winkel

Der Lallinger Winkel grenzt an die Region Sonnenwald, die Stadt Deggendorf sowie die Landkreise Regen und Freyung-Grafenau. Er liegt auf Höhen zwischen 400 und 917 m. Den Schwerpunkt bildet ein Talkessel, der von Streuobstwiesen geprägt ist. Hohe Bergrücken schützen vor kalten Nord- und Ostwinden. Im Südwesten öffnet sich die Landschaft. Dadurch entsteht im Kessel um Lalling und Hunding ein besonders mildes Klima, das für den Streuobstanbau ideal ist. Streuobstwiesen stehen auf der Roten Liste gefährdeter Biotope. Umso schöner ist es hier im Frühling, wenn der Blick über ein Meer von blühenden Obstbäumen schweift. Ein vielfältiges regionales Wanderwegenetz, ergänzt um die Fernwanderwege „Guntersteig“ und „Goldsteig“, erschließt die reizvolle Region. Auf einfachen, kurzweiligen Wanderungen oder auf langen Touren mit kräftigen Anstiegen geht es durch die sehenswerte Landschaft.

www.lallingerwinkel.de

Blick vom Streuobsterlebnisgarten

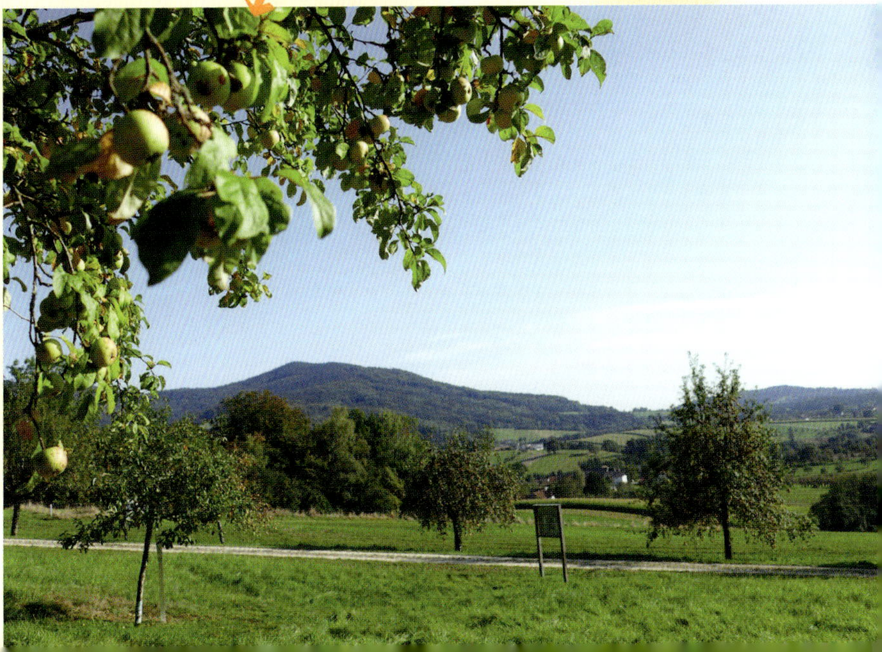

Infos rund um das Wandern

Die Touren und Wege

Alle Touren in diesem Wanderführer sind Rundwege, sodass klar ist, wie man zurückkommt. Der Start liegt immer an Plätzen mit geeigneten Parkmöglichkeiten. Da der öffentliche Personennahverkehr noch ausbaufähig ist, wurde auf entsprechende Angaben verzichtet.

Die Wanderungen in diesem Buch führen nicht immer auf markierten Wanderwegen entlang, aber immer auf vorhandenen Wegen und Pfaden. Manchmal werden diese nur selten benutzt, sind deshalb schon teilweise zugewachsen oder nur mit etwas suchen zu finden. Die Beschreibungen und Wegpunkte helfen, sich zu orientieren und den richtigen Weg zu finden.

Bei einigen Touren besteht die Möglichkeit, sie abzukürzen. Das ist im Text explizit erwähnt. So eine Tour ist zum Beispiel die Tour „Stille Täler und Burg Ranfels“. Manche von diesen Rundwanderungen können dadurch auf zwei kürzere Wanderungen aufgeteilt werden, beispielsweise die Runde „Um den Leopoldshochwald“. Bei der ersten Teilwanderung kürzt man ab. Bei der zweiten Wanderung nimmt man die Abkürzung als Strecke für den Anfang der Wanderung und schließt dort wieder an, wo man die Tour beim ersten Mal verlassen hat.

Andere Touren lassen sich miteinander kombinieren, sodass aus zwei kurzen Touren eine lange, tagesfüllende wird. Das klappt etwa bei den Touren „Gemütliche Runde bei Grattersdorf“ und „Der Büchelstein: Wo Drachen fliegen“. Wer noch viel länger und mit deutlich mehr Steigungen wandern will, verbindet die beiden Touren „Panoramarunde bei Zenting“ und „Aussichtsreiche Wald- und Wiesenrunde bei Daxstein“ miteinander. Bei diesen Touren gibt es einen Punkt oder Streckenabschnitt, an dem sich die beiden Runden überschneiden. An diesen Punkten kann an die jeweils andere Tour angedockt werden. Auf der Überblickskarte sieht man, welche Touren aneinanderstoßen oder aufgrund eines gemeinsamen Startpunktes zusammengepackt werden können.

Der Schwierigkeitsgrad

Die Einteilung in „leicht“ und „mittel“ ist natürlich subjektiv. Grob gesagt sind in diesem Wanderführer leichte Touren diejenigen, die kurz sind und/oder nur geringe Steigungen aufweisen. Dazu gehören also auch Touren wie diese: „Um den Leopoldshochwald“. Die Wanderung ist zwar lang, jedoch bewegt man sich fast immer auf gleicher Höhe. „Mittlere“ Touren sind grundsätzlich länger mit entsprechenden Höhenunterschieden.

Oder es handelt sich um kürzere Runden, bei denen kräftige Auf- oder Abstiege zu bewältigen sind. Meiner Einschätzung nach gibt es in diesem Wanderführer keine „schweren“ Touren.

Die Gehzeit

Die reine Gehzeit ist ebenfalls subjektiv. Ich habe mit einer Geschwindigkeit von etwa drei Kilometern je Stunde gerechnet, was eher einem gemütlichen Wandertempo entspricht. Nimmt man sich noch Zeit, um Landschaft und kleine Details in der Natur zu bewundern, braucht man mehr Zeit.

Die Ausrüstung

Feste Wanderschuhe sind empfehlenswert. Sie geben dem Fuß auf unebenem oder bei Nässe rutschigem Gelände Halt und schützen vor Verletzungen. Neben Proviant mit ausreichend Getränken gehört Pflaster in den Rucksack.

Das Verhalten beim Wandern

Stehende Bäume mit Baumpilzen sind faszinierend! Keine Frage. Sobald Fruchtkörper aus dem Baum wachsen, hat der Pilz den Baum innen jedoch schon lange zersetzt. Dadurch kann er bereits sehr morsch sein. Niemand weiß, wann der Zeitpunkt da ist, an dem er zusammenbricht! Das kann jeden Augenblick passieren und ist deshalb gefährlich. Deshalb vermeiden Sie es am besten, unter solchen Bäumen eine Pause zu machen.

Eine Selbstverständlichkeit: Müll bitte wieder mit nach Hause nehmen. Die Natur so verlassen, dass Nachfolgende gar nicht merken, dass man da war.

Das Wanderglück

„Wer die Kostbarkeit des Augenblicks entdeckt, findet das Glück des Alltags“.

Adalbert Stifter

Wandern mit GPS

Die Wegbeschreibungen sind so verfasst, dass Sie die Wege auch ohne digitale Technik finden können. Manche nutzen zur Sicherheit GPS-Daten als zusätzliche Informationsquelle. Wenn Sie wollen, können Sie sich auf der Webseite des Verlages die GPS-Daten zu diesem Wanderführer kostenlos herunterladen. Den Link finden Sie hier: **https://gps.battenberg-gietl.de/**. Das Passwort hierfür lautet: **mNxGKkVt**

Die Autorin hat die Touren nach bestem Wissen erstellt. GPS-Tracks können jedoch aufgrund der Satellitentechnik und der Umgebung ungenau sein. Eine Wanderkarte ist ein wertvolles Hilfsmittel, um sich zu orientieren. Werfen Sie beim Wandern auch immer wieder einen Blick auf die Beschreibung im Buch.

Zauberhafter alter Schul- und Kirchenweg

Mittel

8,5 km

↓↑ 256 m

3½ Std.

Sicking – Oberfrohnstetten – Unterfrohnstetten – Boxbach – Helming – Schützing – Sicking

Eine ausgesprochen idyllische Runde zu einem prächtigen Hohlweg, in ein preisgekröntes Dorf und mit tollen Ausblicken.

Markierung:
Schul- und Kirchenweg-Zeichen bis Unterfrohnstetten – unmarkiert bis Helming – rote 4 bis Schützing – Schul- und Kirchenweg-Zeichen

Parken:
Sicking, am oberen Ende ist in einer Seitenstraße ein Parkplatz
(Navi: Sicking, 94571 Schaufling)

Tourist-Information:
Hauptstraße 17
(ab Herbst 2021 Hausnr. 10)
94551 Lalling
Tel. 09904/374

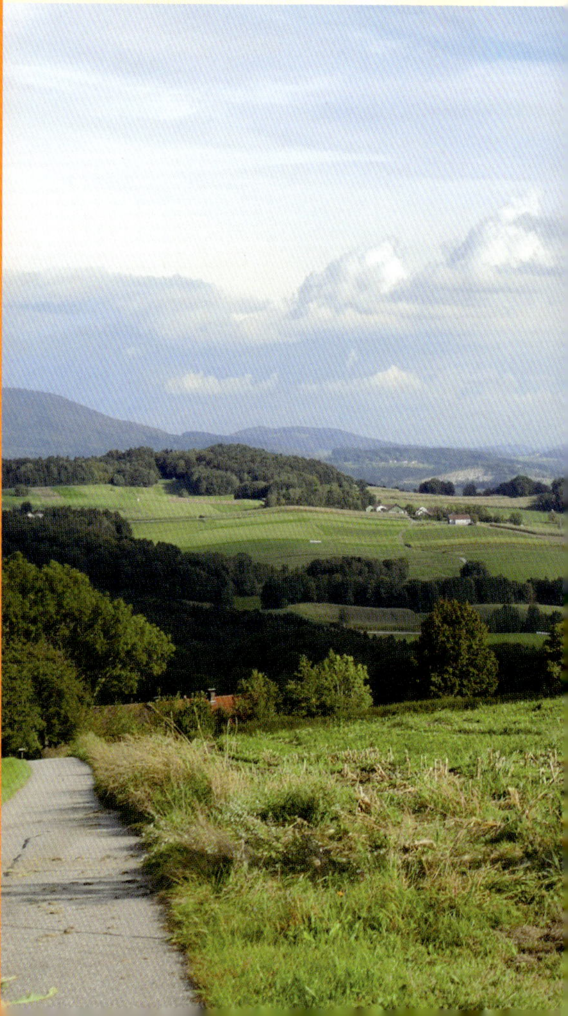

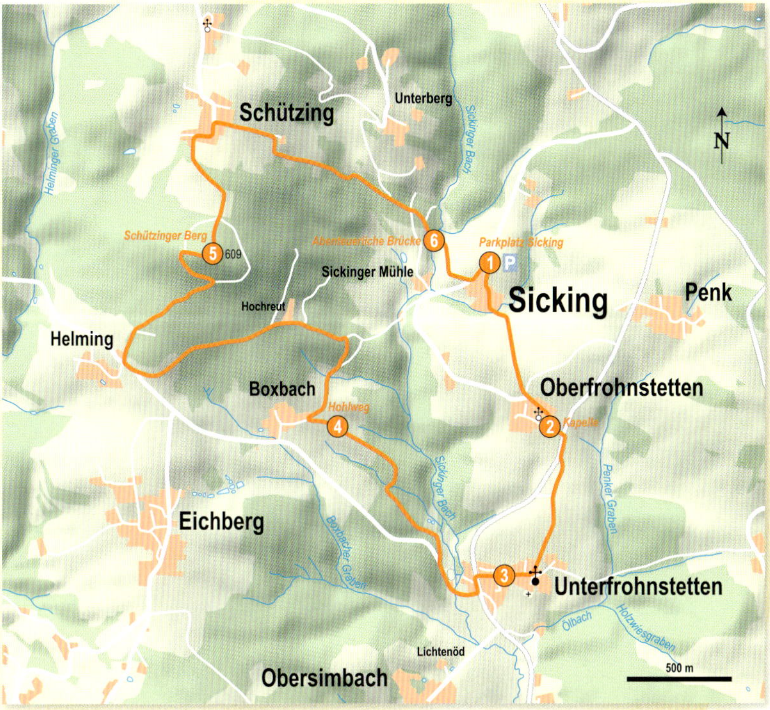

❶ Start Parkplatz Sicking
❷ Kapelle Oberfrohnstetten
❸ Unterfrohnstetten
❹ Hohlweg vor Boxbach
❺ Naturdenkmal Schützinger Berg
❻ Abenteuerliche Brücke

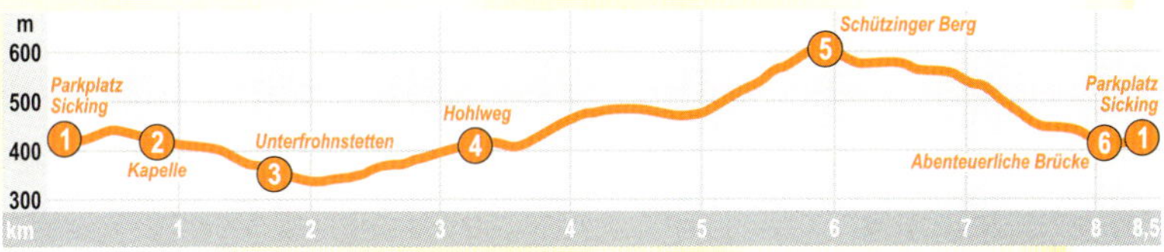

Vom Parkplatz ❶ in Sicking gehen wir abwärts durch das hübsche Dorf. Bei den Totenbrettern und einem historischen Kreuz lenkt das Zeichen „Schul- und Kirchenweg" über einen kleinen Bach auf einen Wiesenweg.

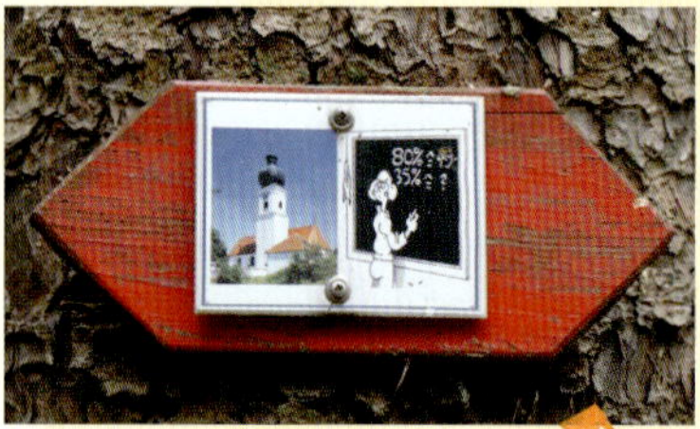

Wanderwegzeichen „Schul- und Kirchenweg"

Dieser führt zuerst eben und dann ansteigend an Feldgehölzen entlang und endet mitten in der Wiese. In einer gedachten Verlängerung der Gehölze gehen wir weglos geradeaus nach oben, halten uns dabei leicht rechts. Auf der Kuppe verbergen Sträucher den Wegweiser. Mit tollem Blick über die Donauebene erreichen wir geradeaus Oberfrohnstetten. Auf der Straße lenkt uns die Markierung nach links. Bei der Kapelle ❷ geht es links aus dem Dorf hinaus, beim Buswartehäuschen rechts und nach etwa 100 Metern links auf einen ebenen Feldweg. Wir wandern geradeaus auf eine Baumgruppe zu. Dort laufen wir geradeaus entlang der Feldgehölze abwärts (auf deren rechter Seite) und gelangen in einen ungewöhnlich tief eingeschnittenen Hohlweg.

Denkmalgeschütztes Kreuz

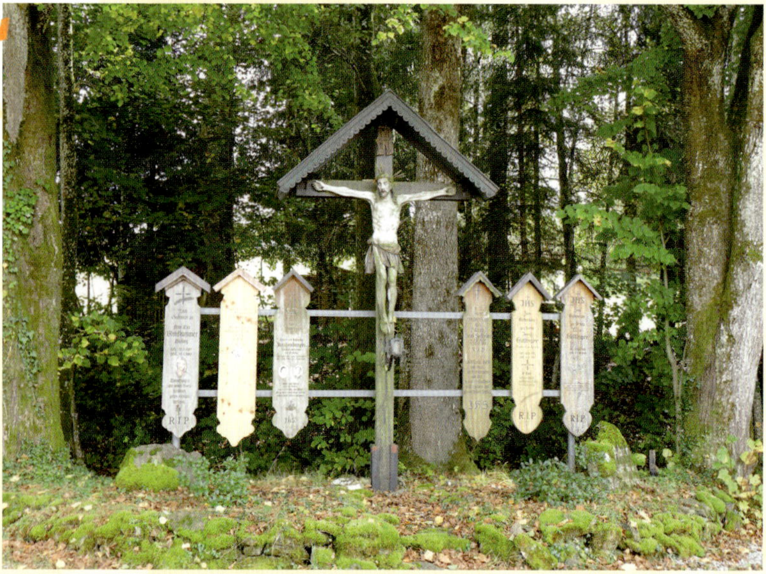

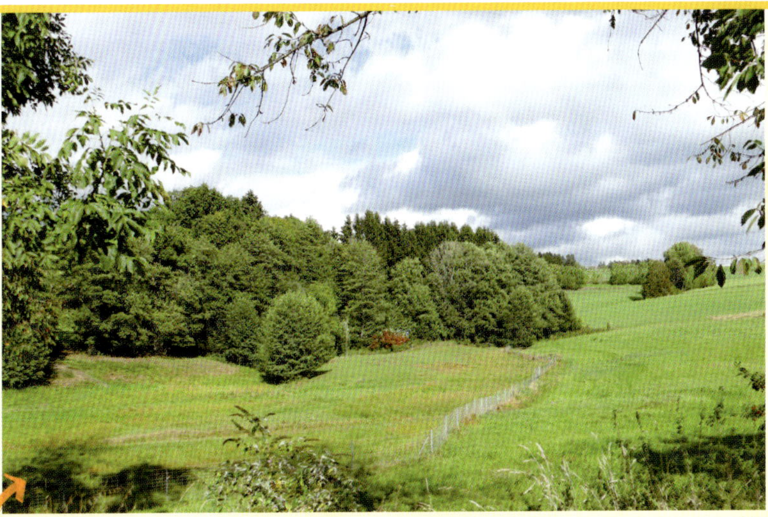

Landschaft hinter Sicking

Er führt nach Unterfrohnstetten, wo wir geradeaus bis zum Feuerwehrhaus gehen. Die Kirche daneben ist erstaunlich groß. Vor der Feuerwehr wenden wir uns ohne Markierung rechts ❸, treffen nach einem steilen Straßenabschnitt auf eine Querstraße und folgen dieser links. Nach wenigen Metern mit dem Straßenschild Richtung Boxbach rechts abbiegen.

»Was für ein imposanter, märchenhafter Hohlweg!«

In einer Senke geht es über einen Bach und an einem Gebäude vorbei. Daran schließt eine kleine Wiese an. Kurz danach zweigt ohne Markierung rechts zwischen Bäumen ein leicht abwärts führender, unmarkierter Weg ab. Dieser bringt uns in einen feuchten Talboden mit üppiger Vegetation. Das Rauschen des Baches im Ohr, schlängelt sich der Weg am Waldrand entlang und führt in den Wald. Der Weg steigt an. An der Weg-

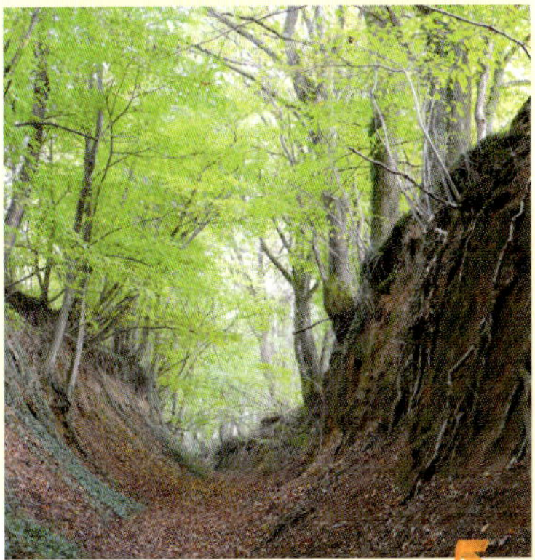

Großartiger Hohlweg vor Unterfrohnstetten

kreuzung ist rechts ein Tor. Wir nehmen geradeaus ansteigend den sehr kleinen Hohlweg. Danach taucht rechts eine Lichtung mit einer Hütte auf. Weiter geradeaus auf dem offensichtlichen Waldweg bleiben, Abzweigungen stets ignorieren.

Wir befinden uns auf der rechten Hangseite. Später überquert der Weg rechts ein Rinnsal, steigt an und macht im flacheren Abschnitt eine deutliche Linkskurve. Von rechts kommt ein Weg dazu. Wir halten uns links, folgen weiter unserem Weg. Kurz danach macht der Weg wieder eine Linkskurve und führt an der rechten Seite einer eingezäunten Schonung entlang. Vorne sieht man zwischen den Bäumen Häuser. Der Weg zieht aus dem Wald hinaus. Rechts erhebt sich der Schützinger Berg.

Gesäumt von Feldgehölzen führt ein Hohlweg ❹ geradeaus nach Boxbach. Noch vor den Häusern treffen wir auf einen ebenen, im spitzen Winkel von rechts kommenden Feldweg. Diesem folgen wir weiterhin ohne Markierung rechts, kommen kurz danach an Feldgehölzen vorbei.

Blick auf den Schützinger Berg

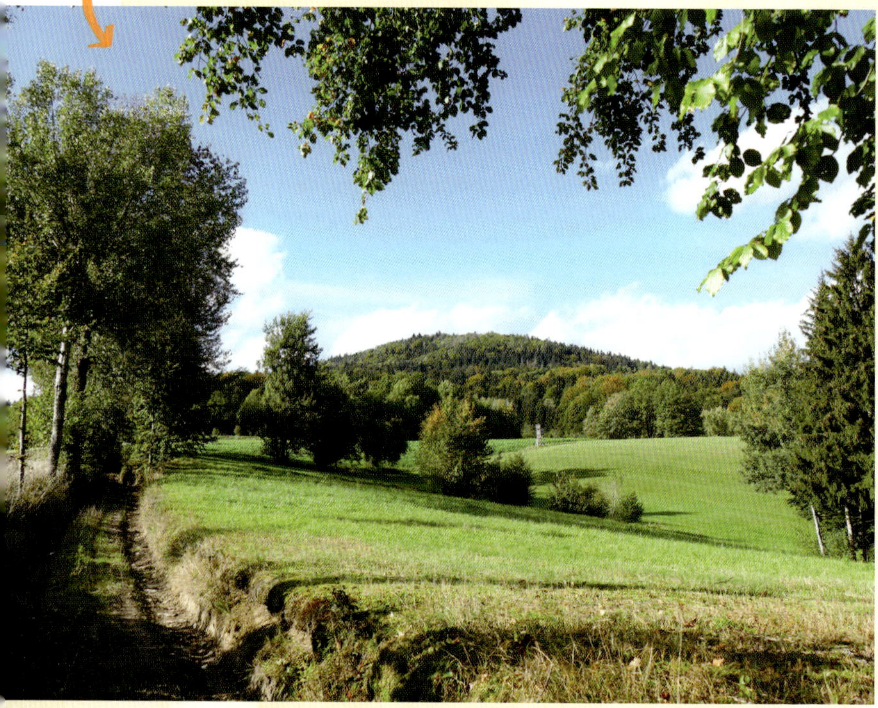

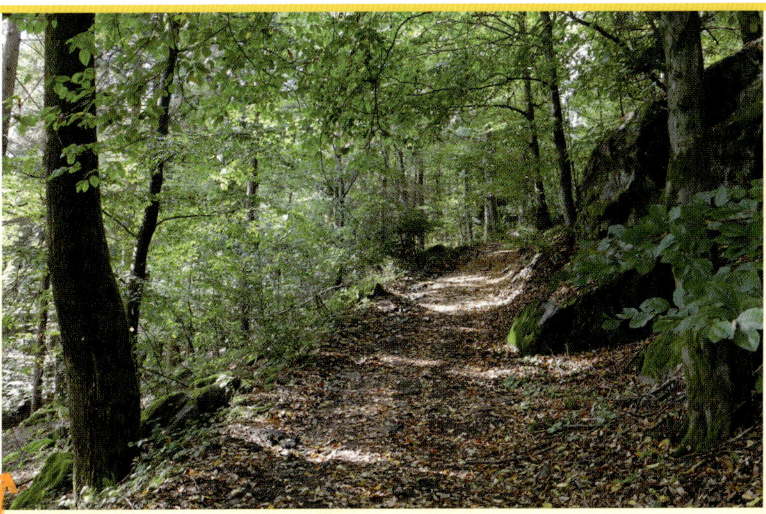

Unterwegs zum Schützinger Berg

Der Weg mündet wieder in einen tiefen, abwärts führenden Hohlweg, überquert eine schön geschwungene Wiese und führt rechts haltend wieder in den Wald. Gleich im Wald gabelt sich der Weg in zwei deutlich sichtbare Wege. Wir nehmen den linken, s-förmig ansteigenden Weg. Er wird dann flacher, macht eine scharfe Linkskurve (in dieser führt ein anderer Weg geradeaus steil abwärts) und steigt wieder an. Schnell überwinden wir bergauf einige Höhenmeter. An einem Zaun gabelt sich der Weg. Hier dem linken, ebenen Weg am Zaun und an der Lichtung entlang folgen. Geradeaus geht es zu einem Waldrand, noch einmal kurz durch Wald und dann über einen schönen Wiesenweg. Links liegt Eichberg mit einem viel besuchten Gnadenhof für Tiere.

An der Straße wenden wir uns rechts und treffen am Ortsanfang von Helming auf die rote 4. Diese zweigt rechts ab, lenkt am Gartenzaun entlang hinauf in einen Wald mit dicken Buchen. Auf dem Weg in der Nähe des Zaunes entlang des Wildgeheges bleiben, also immer geradeaus halten, bis links die Wiese endet. In dieser Ecke gibt es zwei Wege. Wir nehmen den ansteigenden Weg geradeaus nach oben. Später an einer großen, markierten Weggabelung im spitzen Winkel nach links aufwärts abzweigen. Der Weg verläuft am Hang entlang. Dann lotst die 4 rechts auf den Gipfel des Schützinger Berges 5, einem Naturdenkmal ohne Aussicht. Nach dem Gipfel der 4 links abwärts durch den Wald folgen. Geradeaus führt der Weg über eine Wiese. An deren hinterem Ende links am Waldrand entlang gelangen wir

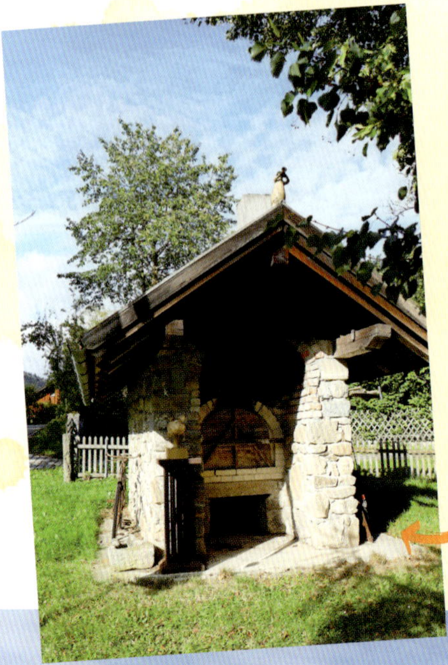

nach Schützing, einem preisgekrönten Dorf mit Charme. Der Hinweis Richtung Frohnstetten und das Zeichen für den Schul- und Kirchenweg bringen uns rechts durch das Dorf und an einer Kapelle vorbei. Vor einer Scheune mit Brotbackofen zweigt die Markierung rechts ab. Nach den Häusern hat man einen fantastischen Ausblick.
Eine kleine Straße lotst uns abwärts zu einem einsamen Haus. Vor diesem biegt die Markierung rechts ab, führt oberhalb der Böschungskante weiter. Auf einer Rastbank ge-

Holzbackofen in Schützing

Ausblick bei Schützing

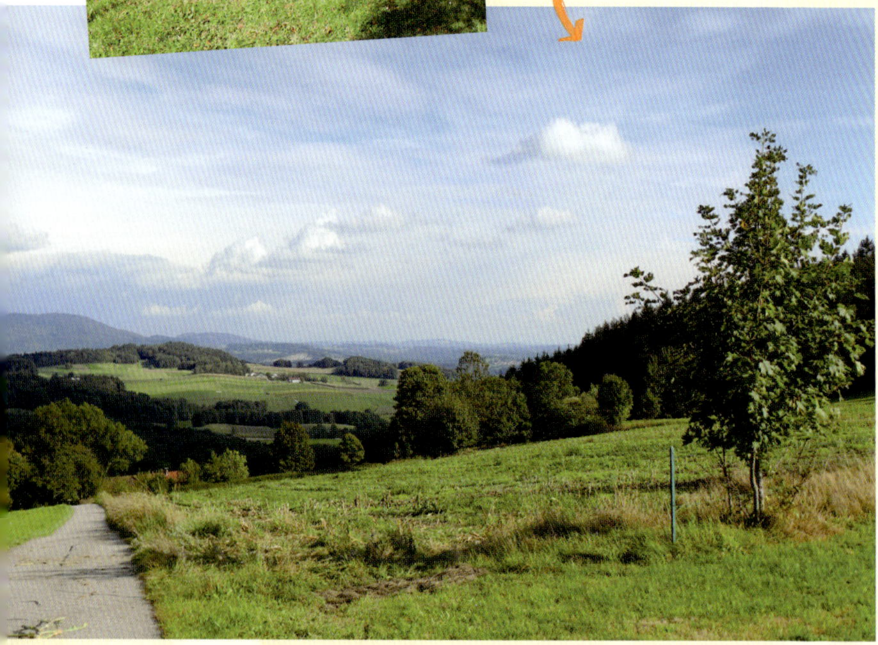

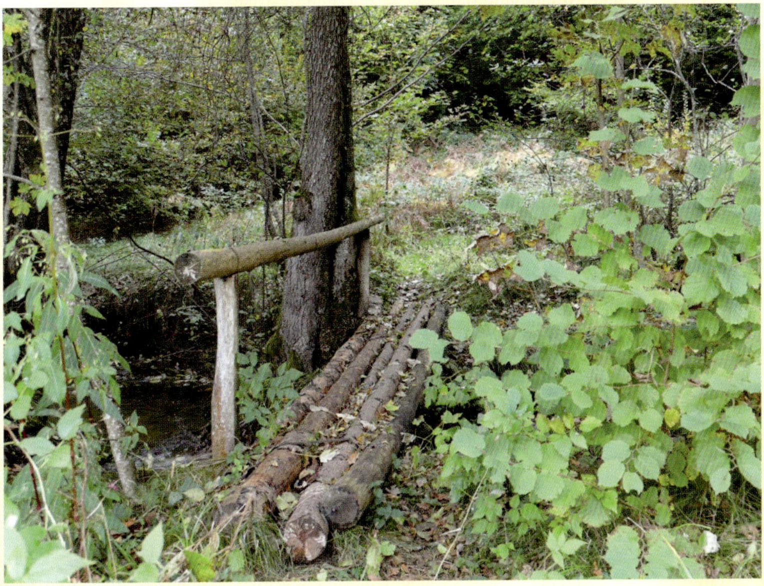

Abenteuerliche Brücke

nießen wir den einmalig schönen Blick auf die Hügellandschaft bis zum Brotjacklriegel. Am Waldrand lenkt die Markierung auf einem Trampelpfad kräftig bergab.

Der Wald endet rechter Hand. Wir wandern geradeaus und leicht rechts versetzt über die Wiese und wieder in den Wald. Der steile Pfad führt auf einen querenden Waldweg. Hier links halten und über ein Bächlein gehen. Später, nach einem kleinen, abfallenden Hohlweg, trifft man auf einen Wegweiser, der nach links zeigt. Achtung! Zuerst links und dann nach wenigen Metern sofort rechts abbiegen. Die Markierungen sind etwas versteckt. Kurz danach windet sich nahe einer Lichtung der Pfad abwärts in eine Senke mit einem Bach. Nach einer abenteuerlichen Brücke 6 geradeaus und beim Wegweiser rechts ansteigend auf einzelne Bäume in der Wiese zuhalten. Diese umrunden und nach einem Durchschlupf zwischen Bäumen sind wir wieder in Sicking. Auf der Straße geht es links weiter und dann mit dem Hinweis zum Parkplatz rechts.

Essen/Einkehren:

Landpartie Café und Biergarten
Sicking 29, 94571 Schaufling
Tel: 0 99 01/90 29 86
Öffnungszeiten:
Donnerstag bis Sonntag,
Feiertage 14:00 - 18:00 Uhr

Auf und ab zu historischen Bauernhäusern

Mittel

9,7 km

↓↑ 238 m

3½ Std.

Ensmannsberg – Ensbach – Woiding – Datting – Ginn – Böhaming – Ensmannsberg

Das sind die „Perlen" dieser wunderbaren Wanderung: fantastische Fernblicke über eine schön geschwungene Landschaft, traumhaft schöne, alte Bauernhäuser und ein lauschiger Kräutergarten.

Markierung:
Blauer Goldsteig – rote 17 – ab Ensbach unmarkiert – vor dem Rastplatz gelber Goldsteig bis Datting – blauer Goldsteig bis Böhaming – unmarkiert – ab Klinik blauer Goldsteig

Parken:
Ensmannsberg, an der Straße DEG 25 ist zwischen Schaufling und Rusel ein Parkplatz (Navi: Ensmannsberg, 94571 Schaufling)

Tourist-Information:
Hauptstraße 17
(ab Herbst 2021 Hausnr. 10)
94551 Lalling
Tel. 09904/374

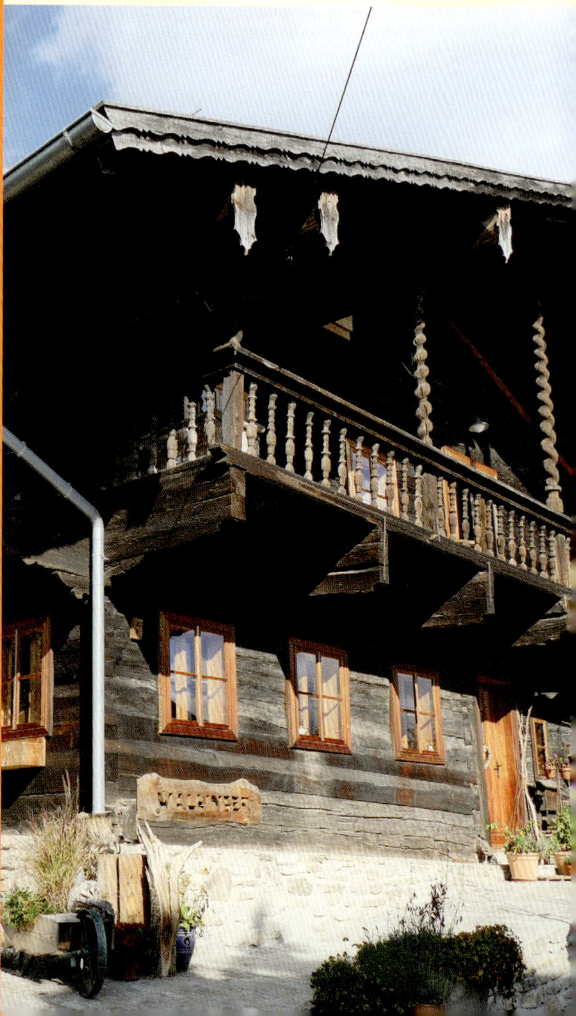

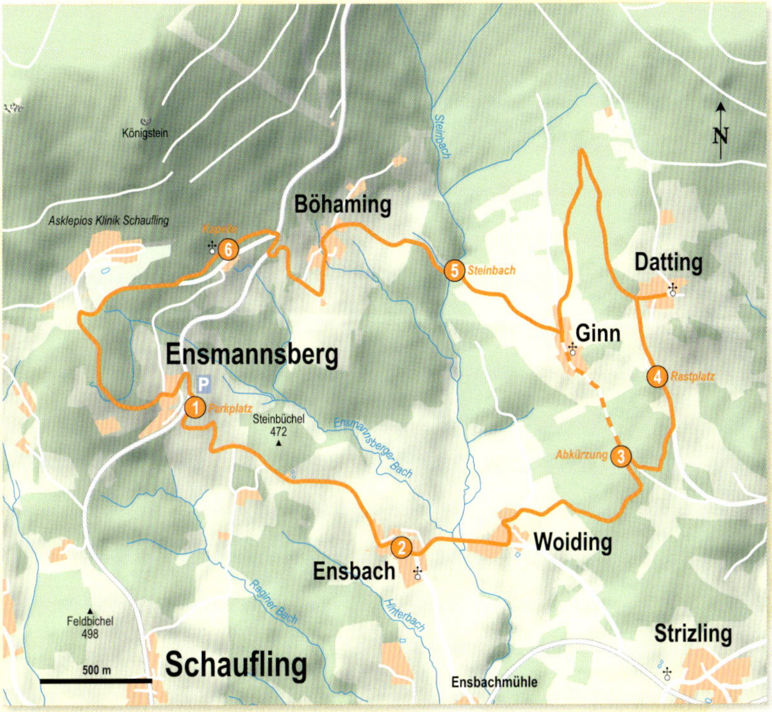

❶ Start/Parkplatz Ensmannsberg
❷ Ensbach
❸ Abkürzung möglich
❹ Rastplatz mit tollem Blick
❺ Rauschender Bach
❻ Kapelle und Eiben

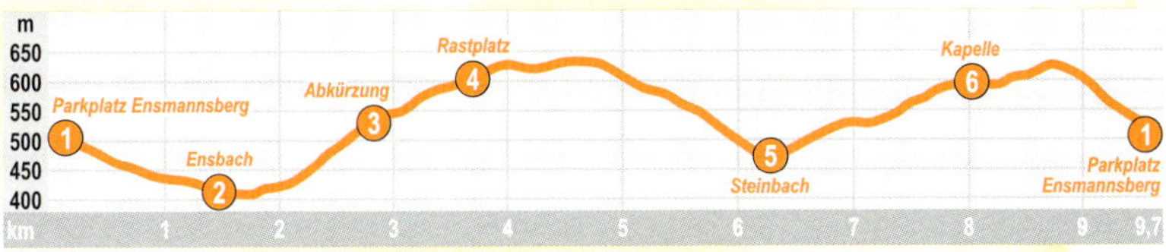

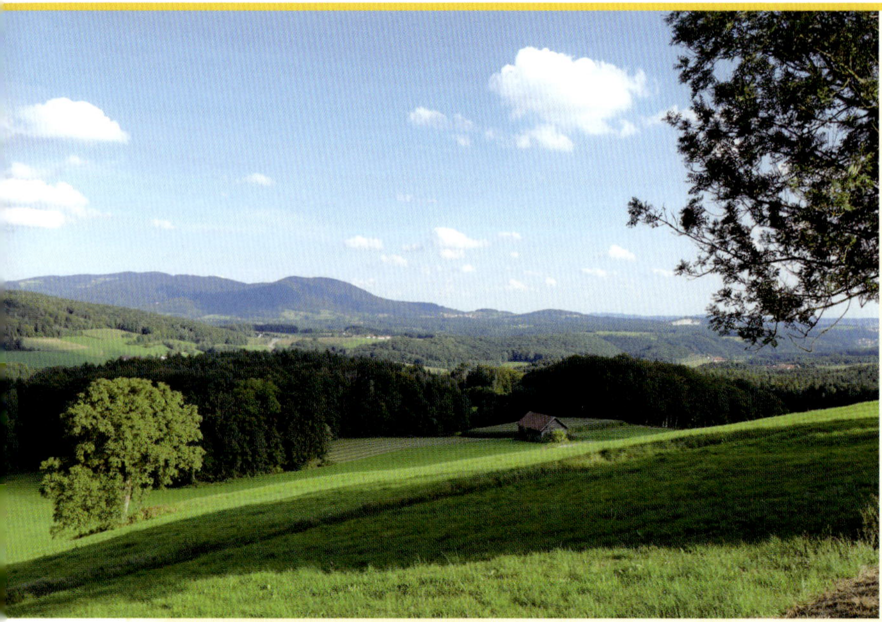

Panorama bei Ensmannsberg

Vom Parkplatz bei Ensmannsberg ❶ können wir uns nicht losreißen, denn der Panoramablick ist einfach grandios! Dann folgen wir doch dem blauen Goldsteigzeichen über Wiesen bergab. Bei einer Scheune führt uns die rote 17 geradeaus nach Ensbach, ❷ wo wir einige malerische alte Bauernhäuser bestaunen können. Die Straße gabelt sich. Ohne Wanderwegmarkierung wenden wir uns links auf die Straße „Ensbach Hs. Nr. 14, 20". Kurz danach folgen wir am Ortsende von Ensbach dem Straßenschild nach Woiding. Dort steht rechts ein großer Stall, weiter vorne links ist ein Erdkeller. An der ersten Abzweigung links (nach dem Haus Nr. 8) biegen wir ohne Markierung links aufwärts ab. Am Straßendreieck gleich wieder links. Die Straße führt nach einer Rechtskurve an einem abseitig

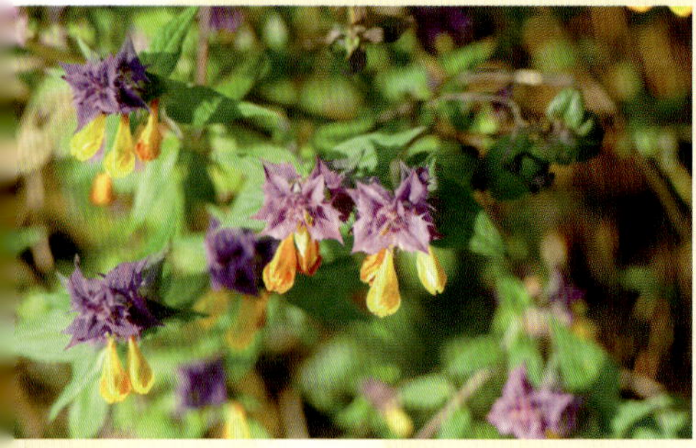

Hainwachtelweizen am Wegrand

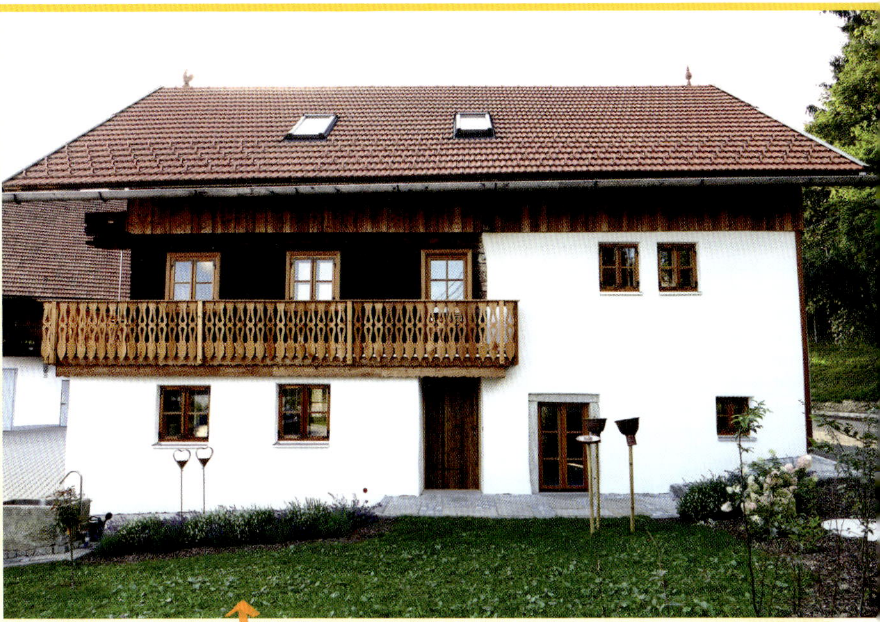

Historisches Bauernhaus in Ensbach

gelegenen Gehöft vorbei und geht in einen Feldweg über. Nach 40 Metern zweigt rechts ein Wiesenweg ab, der uns bergauf zum Wald bringt.

Am Waldrand gabelt sich der Weg. Hier den rechten, leicht ansteigenden Weg in den Wald nehmen. Er streift in einer Linkskurve kurz ein Feld und zieht im abwechslungsreichen Wald mal steiler, mal weniger steil bergauf. Manchmal ist der Weg ein kurzes Stück vergrast oder von einer Krautschicht überwuchert. Nach einer Linkskurve wird er eben. Von rechts kommt ein unscheinbarer Weg dazu. Wir halten uns auf dem Weg links, der kurz darauf auf eine Landstraße trifft. (Hier kann man abkürzen ❸ und links direkt nach Ginn gehen. Dort besteht wieder Anschluss an die Runde. Der Weg ist dann rund 2 km kürzer.)

Blick über den Lallinger Winkel

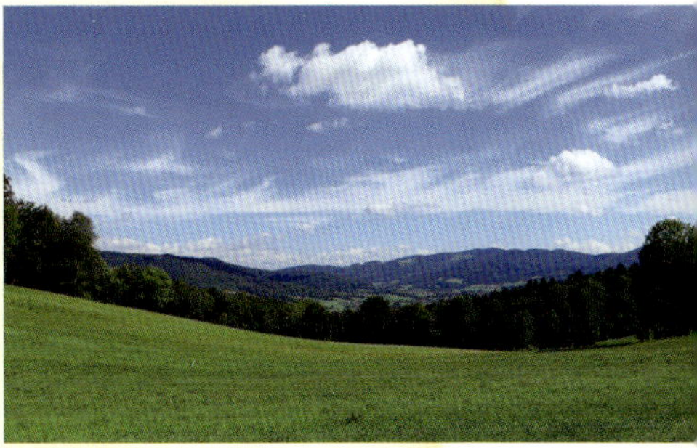

Alle anderen halten sich auf der Straße rechts, zweigen nach 80 Metern auf einen unmarkierten Weg links ab, der im spitzen Winkel und fast parallel zur Straße leicht bergauf führt. Nach 100 Metern trifft er im Wald auf eine Wegkreuzung, von rechts unten kommt ein Weg und steigt nach links an. Vorne sieht man zwischen den Bäumen eine Wiese. Wir folgen dem links ansteigenden Weg bis zur Straße, wenden uns auf dieser nach links und treffen auf die Markierung gelber Goldsteig und auf einen Rastplatz 4 mit wunderbarem Blick auf die zwei Seiten des Bergrückens. Über den Lallinger Winkel reicht der Blick bis zum Bortjacklriegel und über Schaufling bis zur Donauebene.
Weiter oben kommt eine scharfe Rechtskurve, in der der blaue Goldsteig links abzweigt. Diese merken wir uns für später. Zunächst machen wir rechts einen Abstecher nach Datting und bewundern das denkmalgeschützte Bauernhausensemble.
Dann kehren wir um und folgen in der Kurve dem blauen Goldsteigzeichen Richtung Böhaming geradeaus in den Wald. Der Weg

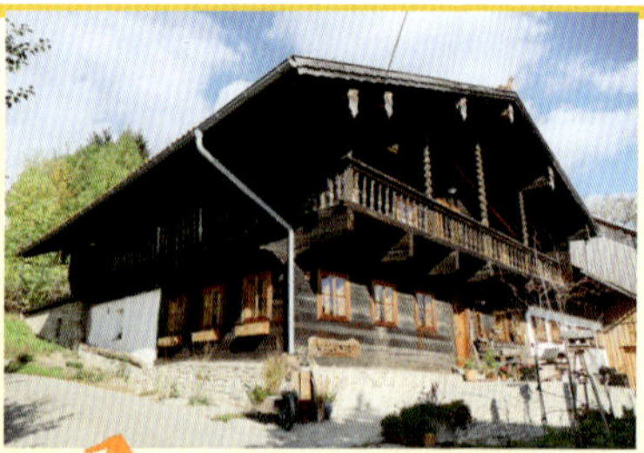

Uraltes Bauernhaus in Datting

Ein malerischer Weg zwischen Datting und Ginn

Rastplatz vor Datting

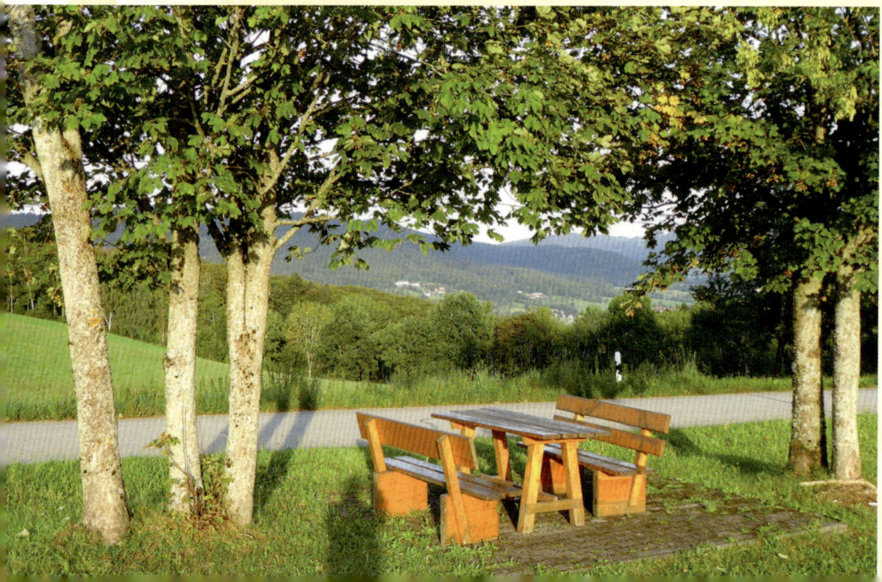

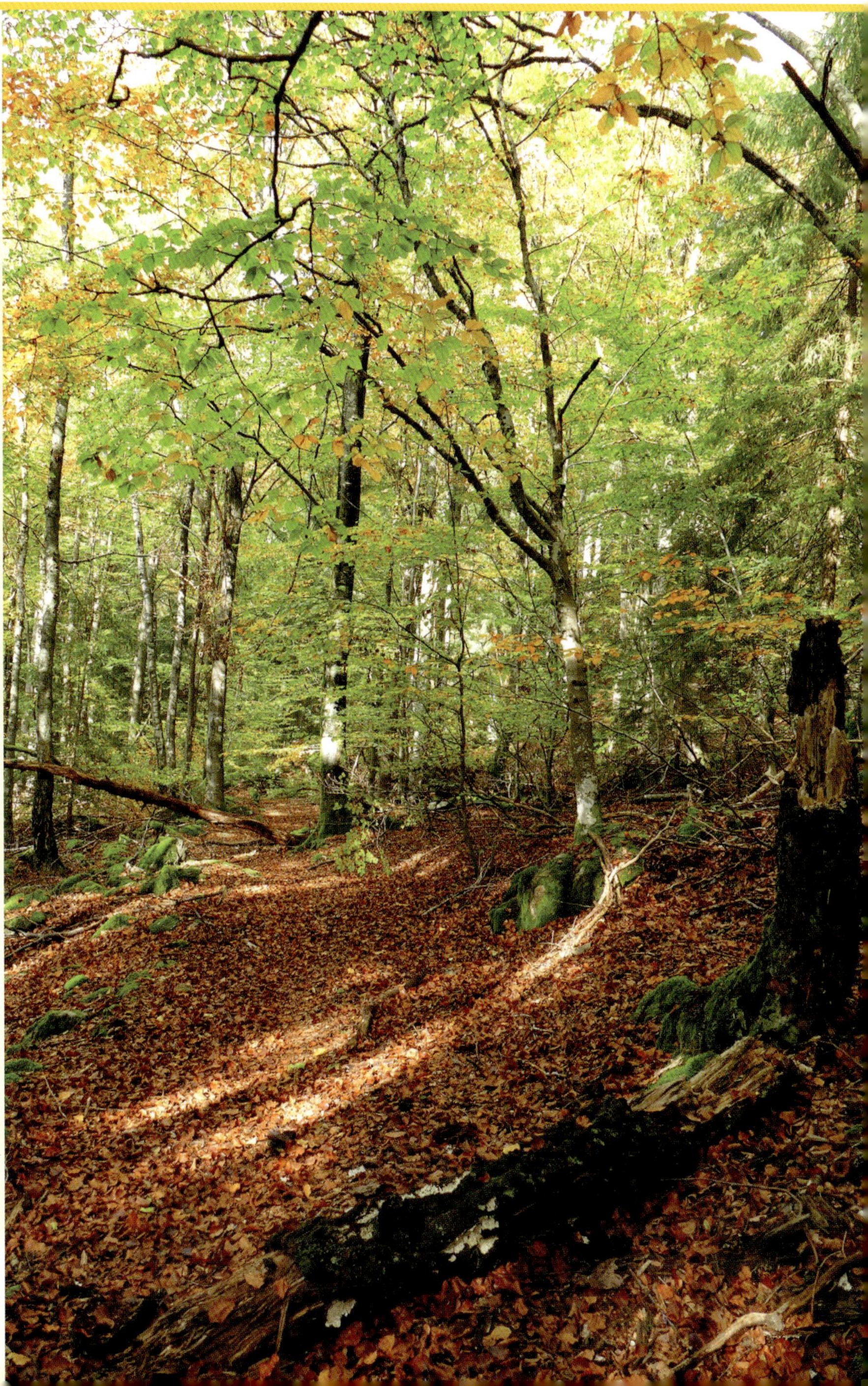

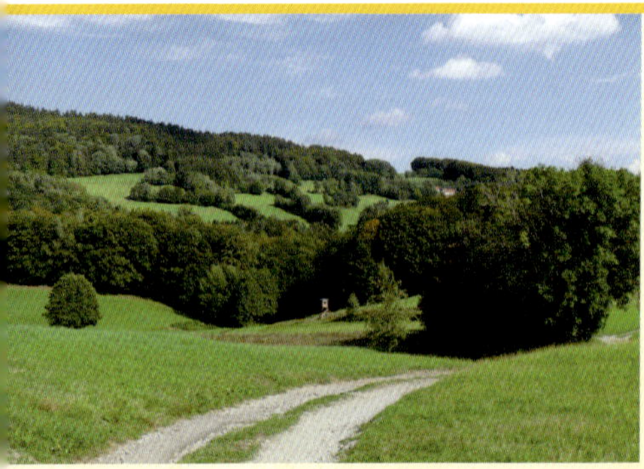

Blick zurück nach Ginn

schlängelt sich am Hang entlang, steigt bei einer Gabelung rechts haltend leicht bergauf und führt dann gemütlich durch idyllischen Wald mit vermoosten Felsen.

An einem Querweg knickt der Goldsteig links ab. Mit schönem Blick auf Böhaming geht es am Waldrand entlang nach Ginn. Wer abgekürzt hat, trifft hier wieder auf die Runde. Um die alten Bauernhäuser zu sehen, laufen wir ein Stück in das Dorf hinein, kehren dann um und gehen wieder zurück. Nach den Totenbrettern auf der rechten Seite zweigt der blaue Goldsteig links ab. Mit Blick auf Böhaming und den hoch aufragenden Bergrücken vom Hausstein geht es über Wiesen in eine Senke. Dabei dem deutlichen Weg folgen. Wir überqueren einen rauschenden Bach 5 und wandern durch schönen Wald und über Wiesen auf einem herrlich kurvigen Weg bergauf nach Böhaming.

Nach Böhaming kommt ein Rastplatz bei einer Scheune. Hier verlassen wir die Markierungen, folgen der Straße nach oben, drehen uns für den famosen Ausblick immer wieder um. Die Hauptverkehrsstraße überqueren und rechts gehen. Nach 50 Metern biegt links die Zufahrt zur Klinik ab. Wir gehen geradeaus über die Einmündung der Zufahrtsstraße. In der oberen Ecke (also auf der rechten Straßenseite der Zufahrt) ist rechts vom Klinik-Schild ein ansteigender Weg. Diesem bergauf folgen, nach einigen Metern zweigt links ein weiterer Weg ab. Diesen nehmen. Er führt oberhalb der Zufahrtsstraße parallel am Hang entlang. Immer dem Weg

»Traumhaft schöne Ausblicke und alte Bauernhäuser wie aus dem Bilderbuch lassen das Herz vor Freude höherschlagen!«

Schaufling liegt tief unten

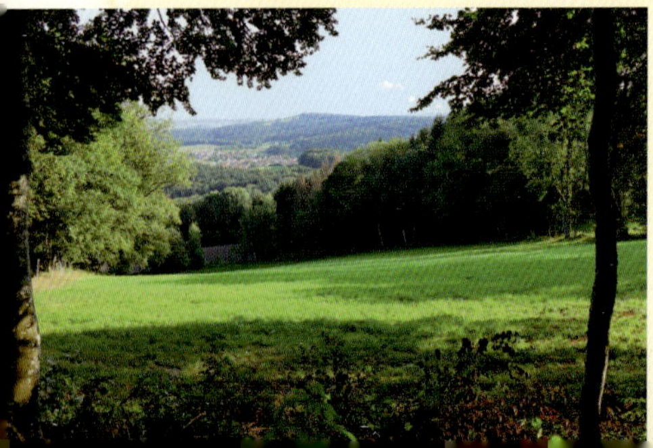

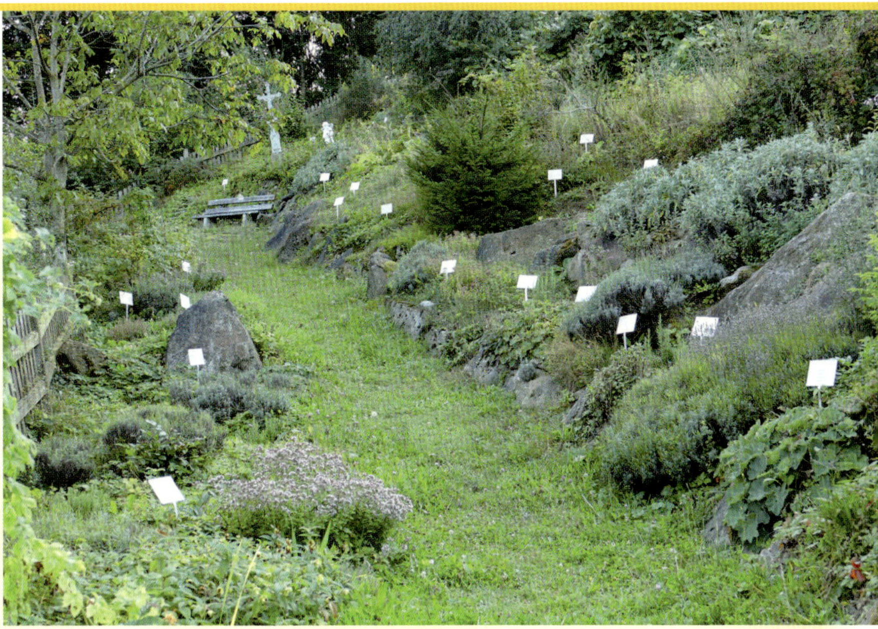

Im Kräutergarten vom Düllhof

geradeaus folgen, Abzweigungen ignorieren. Der Weg lotst zu einer Kapelle 6 mit Rastplatz, Totenbrettern und seltenen Eiben mitten im Wald. Wir bleiben auf dem Weg geradeaus und kommen wieder auf die Zufahrtsstraße, der wir rechts leicht bergauf folgen.

Am Ende des Waldes lenkt uns auf der linken Seite der blaue Goldsteig Richtung Ensmannsberg. Er bringt uns in den Wald hinein und in diesem bergab. Bei einer Goldsteig-Rastbank haben wir einen fabelhaften Tiefblick, der leider etwas vom Rauschen des Verkehrs beeinträchtigt wird. Schöne Ausblicke am Waldrand versüßen den folgenden steilen Abstieg. Wir treffen auf den Kräutergarten und statten ihm einen Besuch ab.

Nach dem Gartenrundgang schlendern wir rechts die Straße hinunter und am Brotbackofen vorbei. Im Düllhof, einem vorbildlich restaurierten alten Bauernhaus, kann man einkehren. Die Markierung führt weiter die Straße hinab, trifft bald auf eine größere Straße. Hier rechts und kurz danach sind wir wieder am Ausgangspunkt.

Essen/Einkehren:

Landgasthof Düllhof
Ensmannsberg 3, 94571 Schaufing
Telefon: 0 99 04 / 2 93
Öffnungszeiten:
Täglich, außer Dienstag

Königlich: Königstein und Geßingerstein

Leicht

3,6 km

↓↑ 64 m

1½ Std.

Ruselabsatz – Geßingerstein – Königstein – Ruselabsatz

Eine erlebnisreiche Runde auf verschlungenen Wegen und Pfaden zu tollen Aussichtspunkten, imposanten Felsen und einem summenden Stein.

Markierung:
Blauer Goldsteig / GEHsundheitsweg – nach dem Geßingerstein unmarkiert – GEHsundheitsweg zum Königstein – nach dem Königstein unmarkiert – GEHsundheitsweg

Parken:
Ruselabsatz an der St 2135, von Deggendorf kommend auf dem Parkplatz auf der rechten Seite.
Navi: 94571 Ruselabsatz

Tourist-Information:
Hauptstraße 17
(ab Herbst 2021 Hausnr. 10)
94551 Lalling
Tel. 09904/374

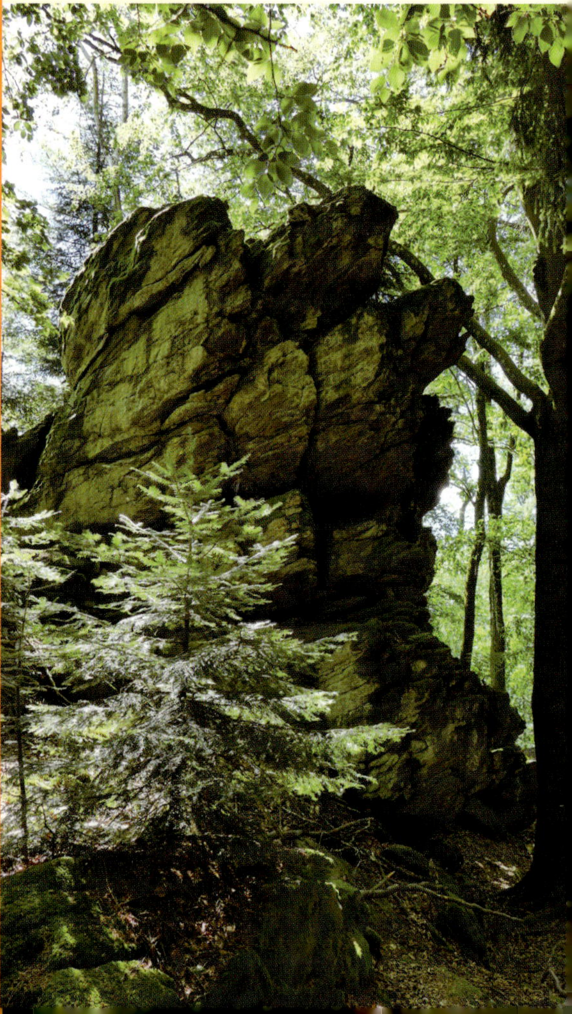

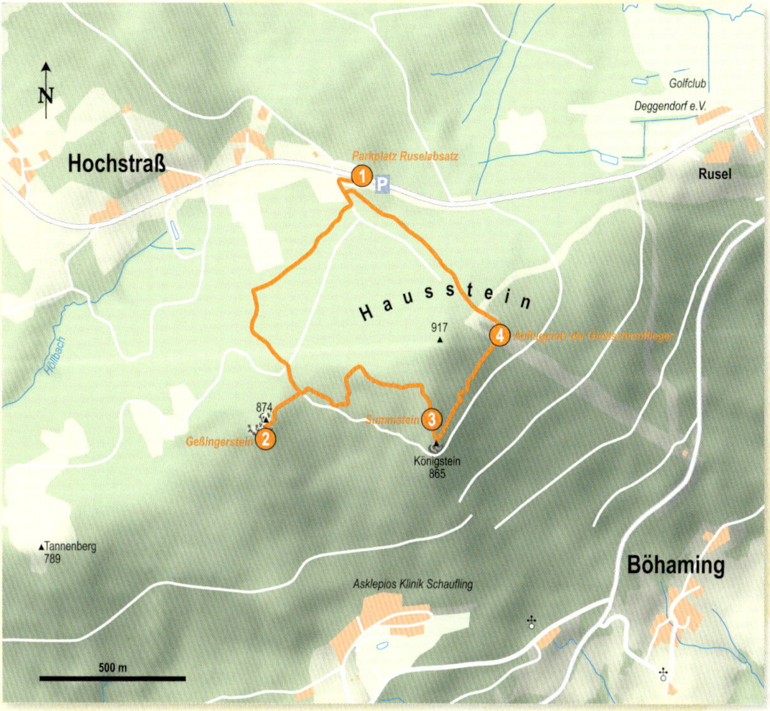

1 Start / Parkplatz Ruselabsatz
2 Geßingerstein
3 Summstein
4 Abflugplatz Gleitschirmflieger

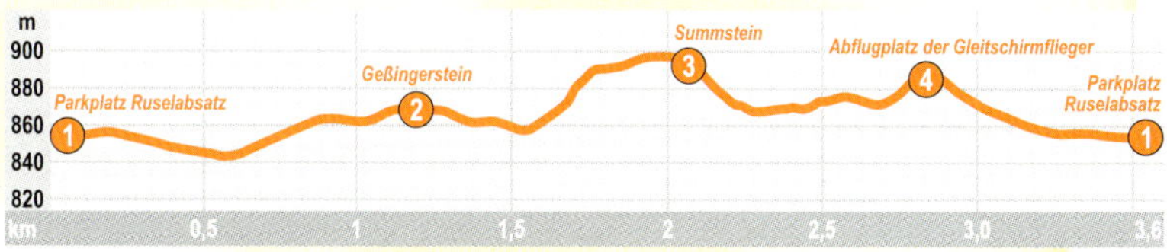

Vom Parkplatz auf dem Ruselabsatz ❶ folgen wir dem blauen Goldsteigzeichen auf einer Forststraße Richtung Schaufling. Kurz danach biegen rechts der blaue Goldsteig und der „GEHsundheitsweg“ auf einen bequemen, fast ebenen Waldweg ab. Einige Stationen des GEHsundheitsweges wie die „sehenden Fußsohlen“ laden zum Ausprobieren ein. Später kreuzt der Weg eine Forststraße. Etwa 50 Meter nach der Kreuzung führt rechts ein Stichweg über einen steinigen Pfad zum Geßingerstein ❷. Dort wartet ein super Blick über die Donauebene. Nach dem Abstecher überqueren wir den Weg, gehen zum Musik-

Sehende Fußsohlen am GEHsundheitsweg

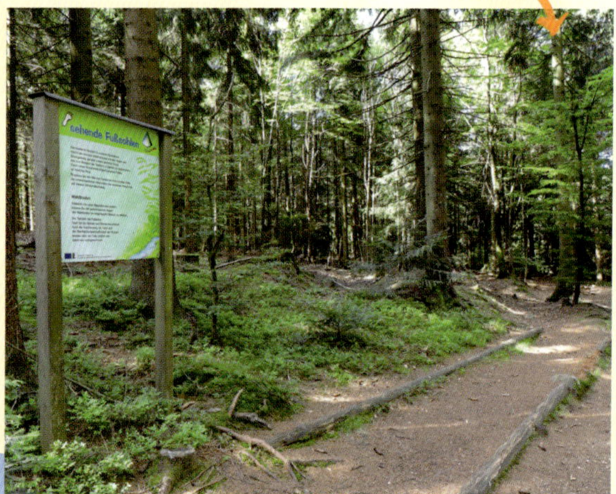

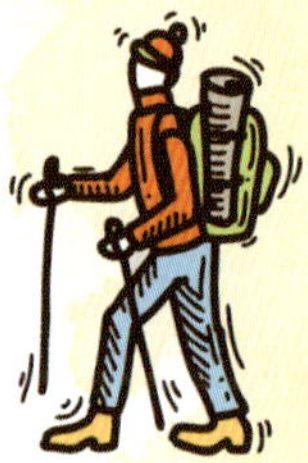

Auf dem Geßingerstein

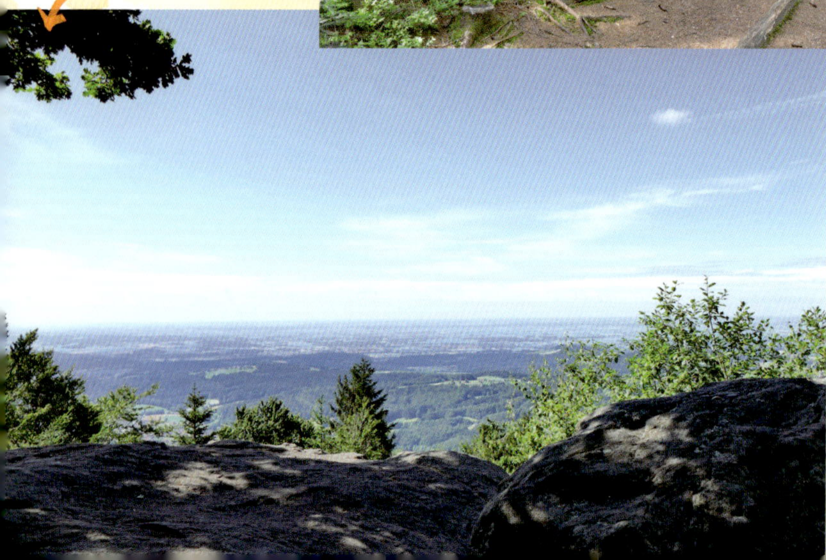

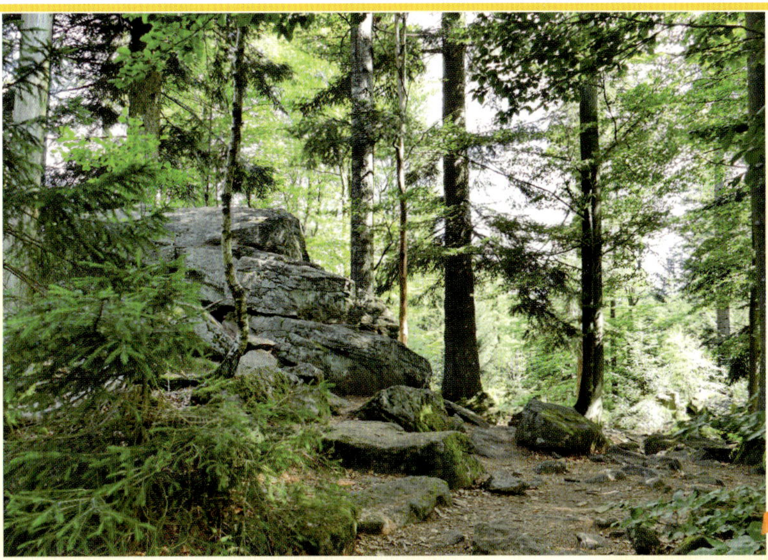

Steiniger Weg beim Geßingerstein

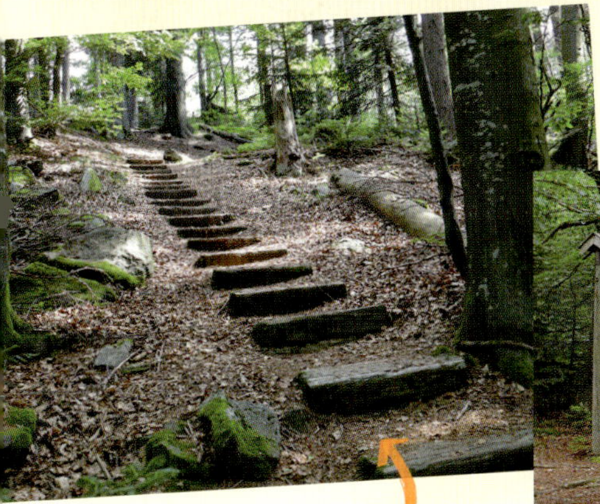

Reste vom alten Trimm-dich-Pfad

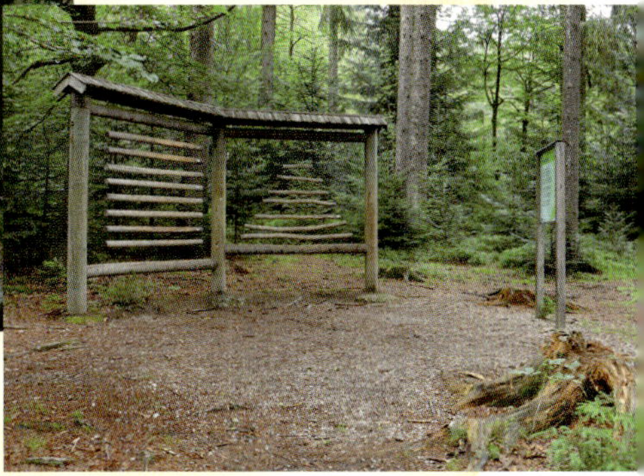

Hinten rechts geht's weiter

instrument aus Holz und verlassen den blauen Goldsteig. Zwischen dem Musikinstrument und der Infotafel „Klangspiele" biegt rechts ein unmarkierter Pfad nach Osten ab. Inmitten von viel Baumnachwuchs schlängelt sich der herrliche Steig eben durch den Wald. Nach ungefähr 200 Metern sieht man vorne einen Querweg und unten rechts einen Wirtschaftsweg, den eigentlichen Wanderweg. Wir biegen links (Nordosten) auf eine

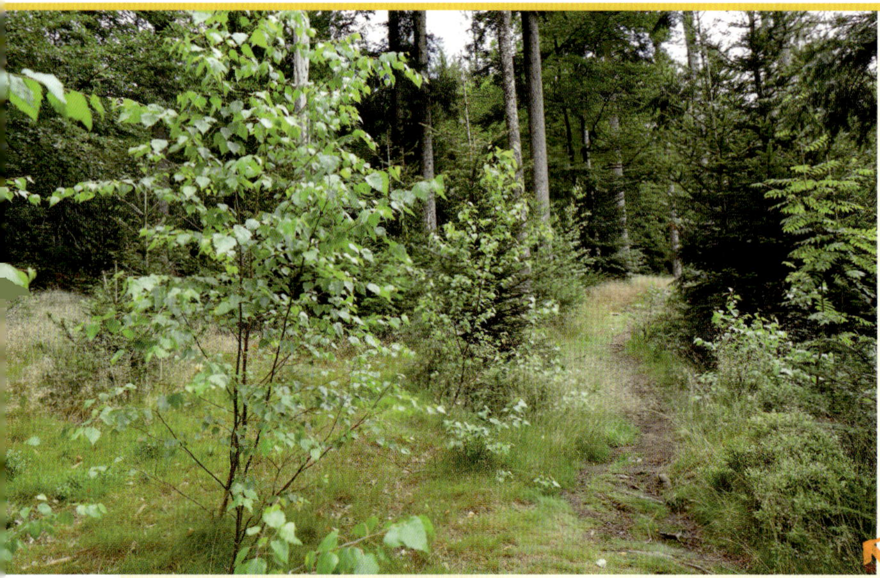

Lauschiger Pfad

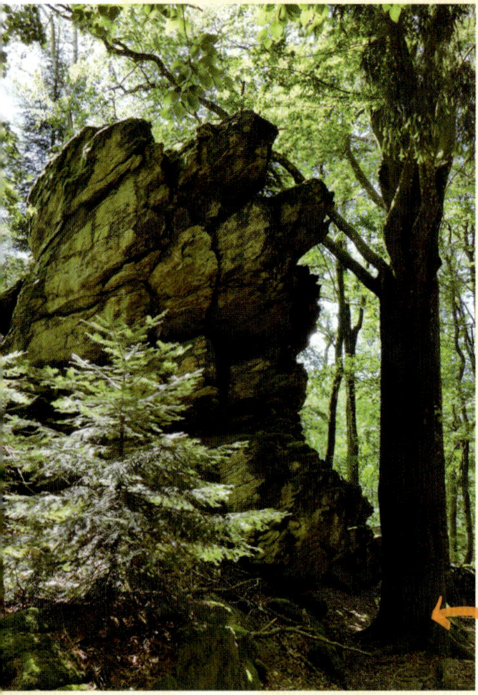

steil aufwärts führende Treppe aus dicken Hölzern ab. Nach den Stufen wird der Pfad flacher und führt zur alten Trimm-dich-Pfad-Station „Rückenkreisen". Zwischen den Ringen rechts hindurch bringt uns ein schmaler, später vergraster Pfad weiter, bis er auf einen weiteren Querpfad trifft. Wir befinden uns wieder auf dem „GEHsundheitsweg", wenden uns nach rechts. Leicht bergab führt der Wanderweg an Felsen entlang, die sich wie eine Mauer erheben. Nach einem imposanten, hoch aufragenden Felsen taucht eine Mariengrotte auf. 1625 wollte an dieser Stelle ein Abt aus dem nahen Kloster Niederalteich ein Reformkloster bauen. Sein

Felsen bei der Mariengrotte

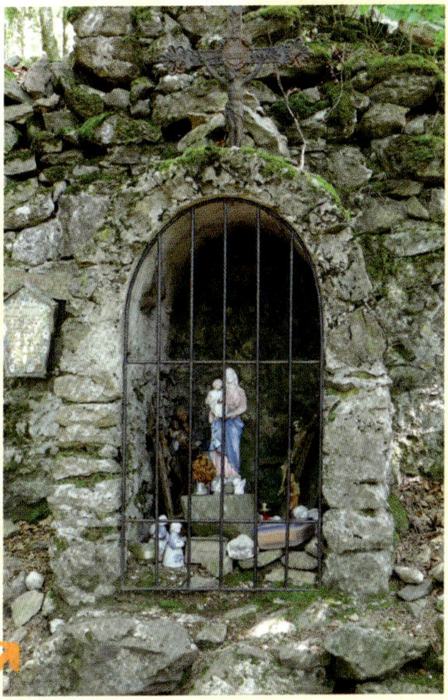

Mariengrotte

Wunsch war, ein karges, arbeitsreiches und gottesfürchtiges Leben zu führen. Die Mitbrüder waren von der Idee wohl nur mäßig begeistert und zwangen den Abt, ins angestammte Kloster zurückzukehren.

Der steinige, nun steilere Pfad führt durch prächtig felsiges Gelände, das von Wald-Bingelkraut, Waldmeister und Nachtviolen übersät ist. Im Herbst fällt das Silberblatt – wie die Nachtviole auch genannt wird – mit einem hübschen Samenstand auf.

Der Summstein ❸ ist eine weitere interessante Erlebnisstation. Danach geht es über eine Felsstufe noch einmal abwärts. Am unteren Ende der Felsstufe ist rechts zwischen den Felsen einen Durchschlupf zu erkennen. Den merken wir uns für später. Zuerst halten

Blick vom Königstein über den Büchelstein

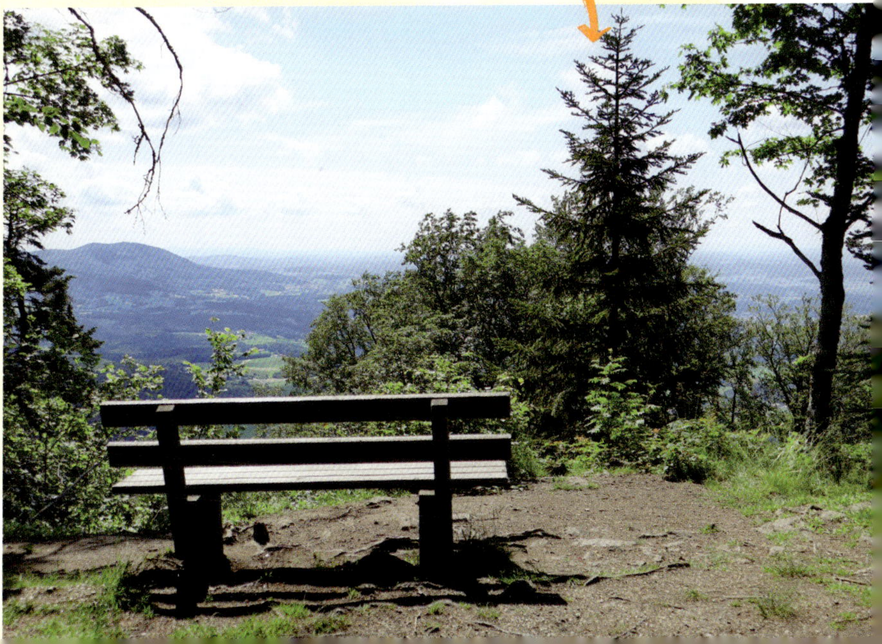

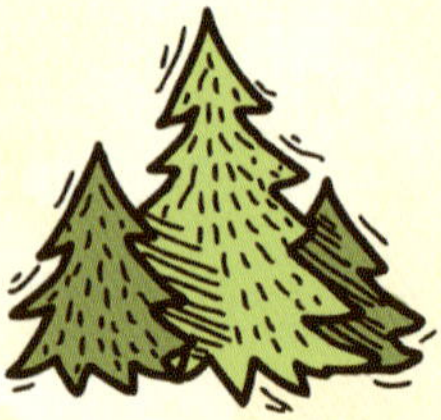

»Im späten Frühling überrascht der intensive Duft blühender Nachtviolen.«

wir aber geradeaus auf die Plattform mit dem Aussichtspunkt auf dem Königstein zu, den schon König Max II. besucht hat. Eine Gedenktafel erinnert an den hochherrschaftlichen Besuch.

Wir drehen um. (Wer es jetzt einfach haben will, kann mit dem „GEHsundheitsweg" zum Ausgangspunkt zurückkehren. Dafür ein Stück auf dem Weg zurückgehen, an Summstein und Mariengrotte vorbei und nach der „Felswand" immer der Markierung folgen). Abenteuerlustige nehmen folgenden Weg unter die Füße: Es wird dabei etwas knifflig, denn wir verlassen erneut den markierten Wanderweg. Geradeaus ist der Pfad, auf dem wir gekommen sind. Rechts biegt der markierte Wanderweg nach unten ab. Gleich

Wo die Gleitschirmflieger starten

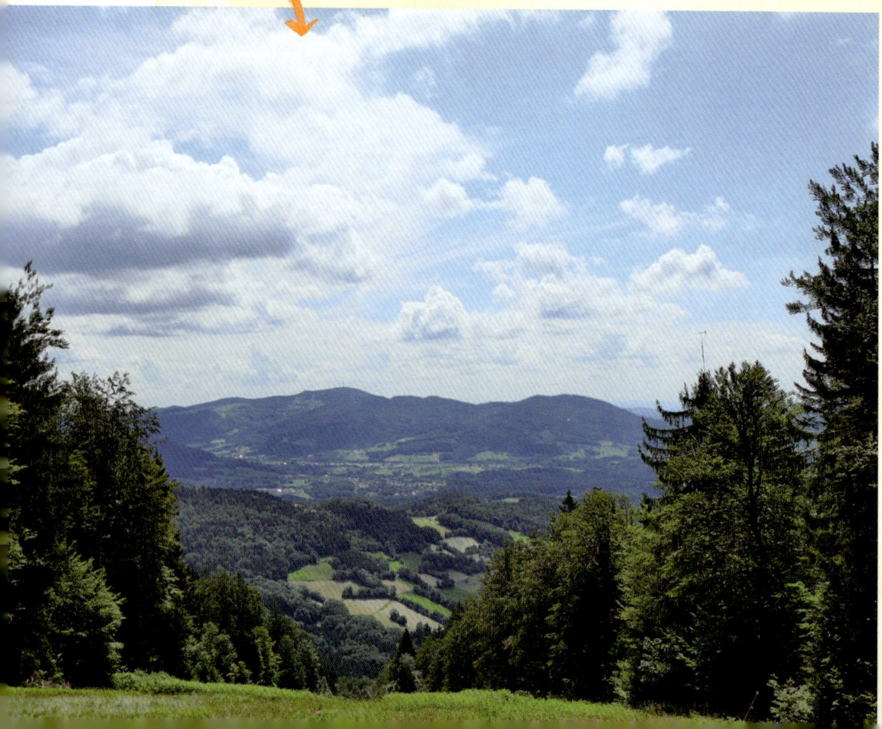

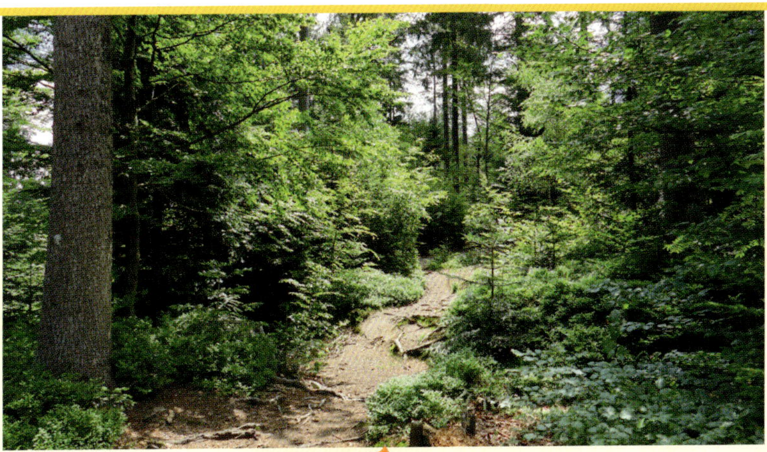

Pfad auf dem Rückweg

danach zweigt – ungefähr gegenüber vom Durchschlupf – rechts ein schmaler, unmarkierter Pfad in nordöstlicher Richtung ab. Dieser ebene, am Hang verlaufende Steig ist anfangs etwas zugewachsen, geht dann aber in einen deutlichen Waldweg über. Durch lichten Buchenmischwald – manchmal muss ein Hindernis umgangen werden – und eine von Heidelbeersträuchern gesäumte Engstelle treffen wir auf einen Steilhang mit Wiese. Das ist die ehemalige Skiabfahrt am Hausstein, die Gleitschirmflieger jetzt als Startplatz 4 nutzen. Der Ausblick über den tief unten liegenden Lallinger Winkel bis hinüber zum Brotjacklriegel ist wirklich beeindruckend!

An einem überdachten Unterstand und einer provisorischen Bank vorbei und dann am Waldrand mit einer Linkskurve auf der Wiese bergwärts. Dort, wo sich der Pfad am oberen Ende der Wiese zwischen Jungbäumen gabelt, folgen wir rechts dem ebenen Pfad zwischen Heidelbeersträuchern und Bäumen. Auf diesem Pfad laufen die Gleitschirmflieger zur Wiese. An der nächsten, vergrasten Abzweigung ist von ihnen an einem Baum ein Richtungspfeil mit Gleitschirm-Symbol angebracht. Hier links gehen. Wenige Meter weiter treffen wir auf den „GEHsundheitsweg“, folgen ihm nach rechts. (Wer den deutlich sichtbaren Pfad an der Gabelung oberhalb der Wiese nicht findet, läuft einfach weiter bergauf und trifft dann auf einen Querweg, den „GEHsundheitsweg“. Hier dann rechts). Der kleine Waldweg und spätere Waldpfad führt sanft abwärts. Er endet an einem Holzlagerplatz, an dessen gegenüberliegendem Ende sich der Wanderparkplatz befindet.

Essen/Einkehren:

Keine Einkehrmöglichkeit. Die nächsten Gasthäuser finden Sie auf dem Weg Richtung Deggendorf oder in Lalling.

Leicht

12 km

↓↑ 110 m

4 Std.

Um den Leopolds-hochwald

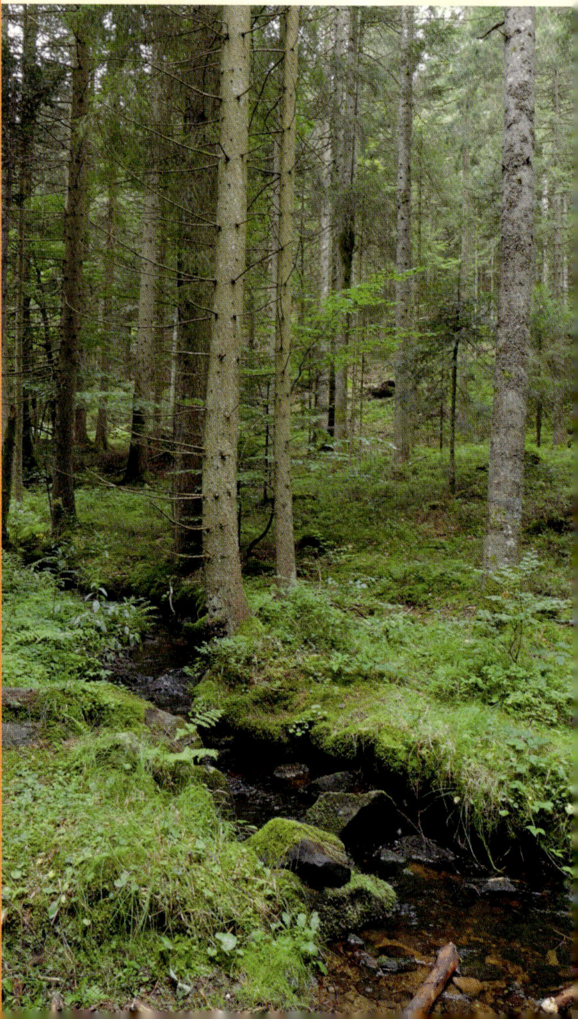

Wanderparkplatz Durchfurtherschuß / Ruselkreuzstraße – Seiboldsried – Kapelle – Golfplatz – Naturwaldgebiet – Durchfurtherschuß – Wanderparkplatz

Zuerst geht es auf alten, einsamen Wegen nach Seiboldsried zu einem überraschenden Ausblick und später durchstreifen wir wilden Wald.

Markierung: Unmarkiert / teilweise alte, gelbe 11 – Schild Richtung Seiboldsried – nach dem Abstecher unmarkiert zur Kapelle – eckige, grüne 14 – unmarkiert – beim Golfplatz gelber Goldsteig – rote 7

Parken: Wanderparkplatz Durchfurtherschuß / Ruselkreuzstraße, zwischen Lalling und Zell, Kreisstraße DEG 23 (Navi: Ranzingerberg, 94551 Lalling)

Tourist-Information:
Hauptstraße 17
(ab Herbst 2021 Hausnr. 10)
94551 Lalling
Tel. 09904/374

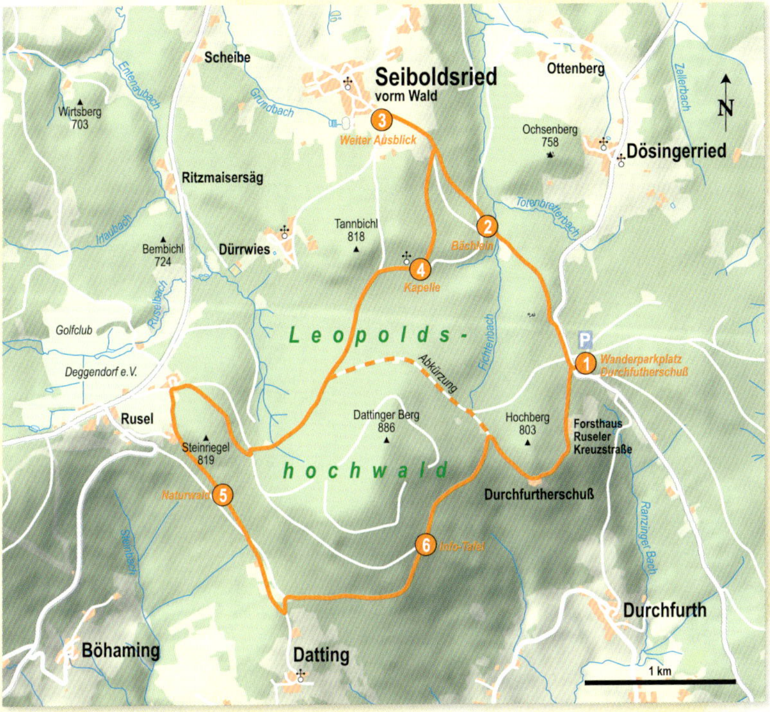

❶ Durchfurtherschuß Wanderparkplatz – Start

❷ Bächlein

❸ Toller Ausblick

❹ Pfeffer-Kapelle

❺ Naturwald

❻ Info-Tafel

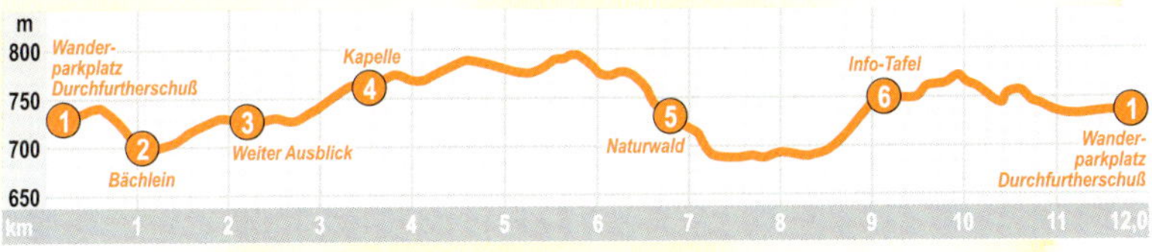

Vom Parkplatz Durchfurtherschuß ❶ gehen wir ohne Markierung auf der ebenen Teerstraße nach rechts. Nach 200 Metern (vor der Rechtskurve) biegen wir links auf einen vergrasten Holzlagerplatz ab. Hier sofort den ersten Weg rechts nehmen, der ein klein wenig ansteigt und dann eben wird.

Dort, wo der Weg wieder flach wird, nehmen wir an der unscheinbaren Gabelung den rechten, geradeaus führenden Weg. Kurz darauf geht es leicht abwärts. Immer diesem schmalen, manchmal kurvigen Waldweg folgen. Abzweigungen rechts und links liegen lassen. An einigen Bäumen sind noch die alten Markierungen „Gelbe 11" zu sehen. Der Weg wird bald zum Hohlweg, führt über ein Bächlein ❷ und eben weiter. Wir überqueren eine Forststraße und gehen mit dem Hinweis Richtung Seiboldsried geradeaus. Der Weg steigt leicht an und mündet in eine Forststraße, die von links kommt und nach rechts führt. Diesen Punkt merken wir uns für später. Wir wandern erst noch rechts aus dem Wald, um eine großartige Aussicht mitzunehmen.

Über Wiesen schauen wir auf die Bergkette des Inneren Bayerischen Waldes. Je weiter wir dem Weg folgen, desto mehr Berge sehen wir. Am Ende des Feldweges informiert eine Tafel über die Namen einiger Berge.

Hier haben wir die beste Aussicht ❸, die man auf einer Rastbank genießen kann. Der Blick schweift über die hintere Bergkette: Links hinten im Nordwesten ist der Kaitersberg, im Norden taucht der Arber auf und im Südosten der Rachel.

Wir wandern wieder in den Wald zurück bis zu dem Punkt, den wir uns gemerkt haben.

Alter Weg nach Seiboldsried

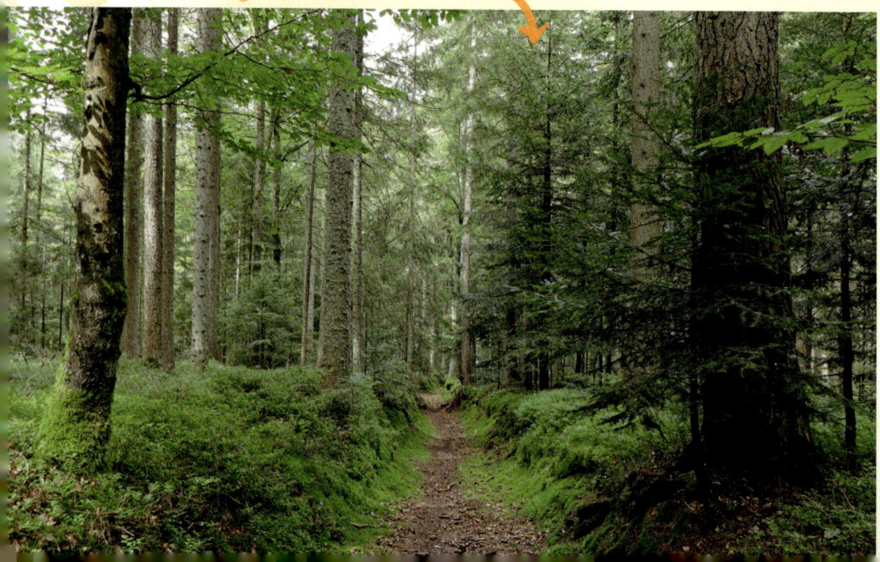

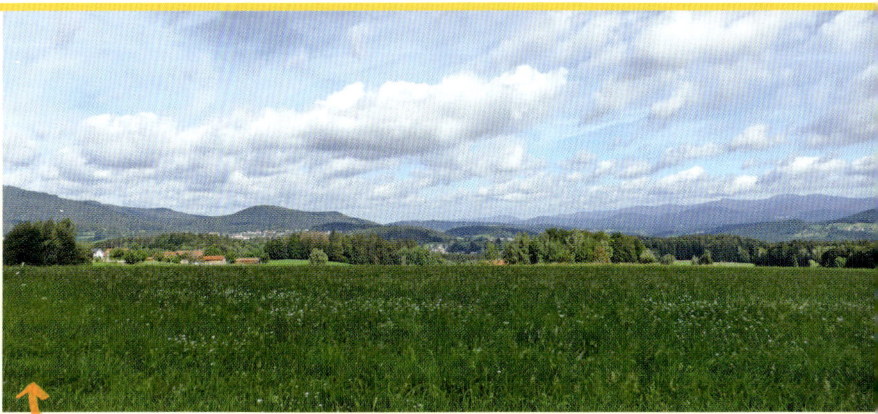

Rechts die Berge des Inneren Bayerischen Waldes

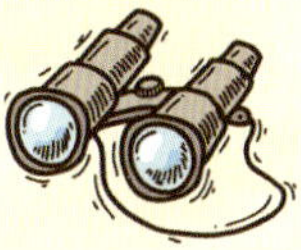

»Wow! Was für ein Blick!«

(Jetzt kann man dem Forstweg weiter geradeaus folgen und an der nächsten Forststraße, die von links unten heraufkommt, nach rechts bis zur Kapelle gehen). Aber schöner ist dieser Weg: Ungefähr 20 Meter nach dem genannten Punkt zweigt rechts leicht ansteigend ein vergraster Weg ab. Dieser führt auf eine Wiese. Hier links am Waldrand entlang. Am Ende der Wiese in der Ecke geradeaus in den Wald hineingehen. Dem zunächst ebenen Trampelpfad geradeaus folgen. Er steigt später leicht an und macht einen kaum bemerkbaren Linksbogen. Abzweigende Wege lassen wir unberücksichtigt. Auf einer kleinen Kuppe sieht man unten die Pfeffer-Kapelle 4 zwischen den Bäumen. Unmittelbar vor der Kapelle wandern wir auf einem kleinen, unmarkierten Waldweg rechts. Er steigt minimal an.

Wir treffen auf eine Forststraße. Auf dieser halten wir uns mit der eckigen, grünen 14 links Richtung Rusel. Bald schwenken wir links wieder auf einen schönen, kleinen Waldweg ein. Er bringt uns gemächlich

Pfeffer-Kapelle

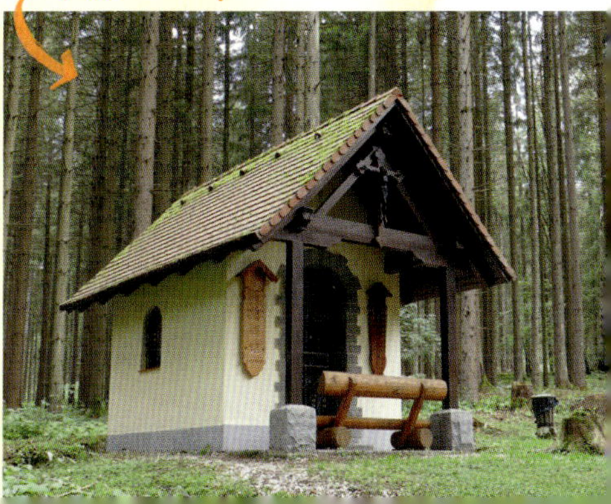

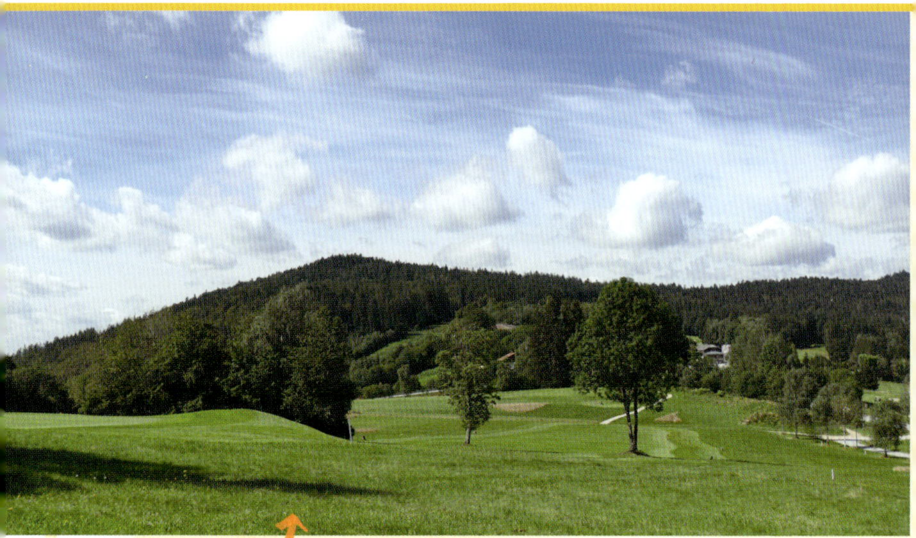

Golfplatz

durch Mischwald. An der nächsten Forststraße besteht die Möglichkeit, abzukürzen. (Dafür auf der Forststraße mit der roten 5 a links und später mit der roten 7 geradeaus gehen. Die Wanderung ist dann knapp 5 km kürzer).

Wir aber wollen ein Naturwaldgebiet durchstreifen, wenden uns deshalb auf der Forststraße mit der roten 5 a und der grünen 14

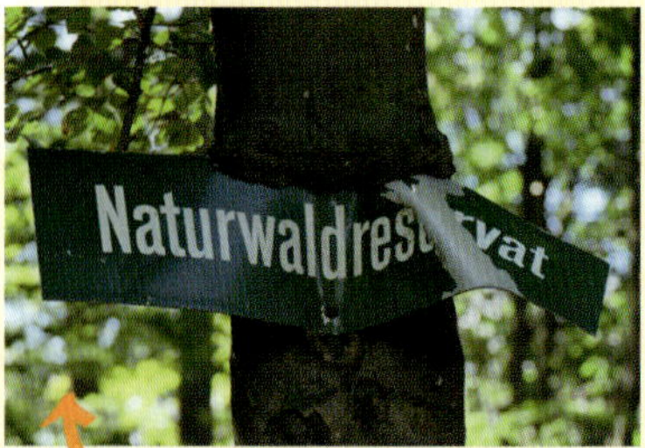

Hier geht's in den Naturwald

nach rechts. Am Wegrand wächst eine üppig grüne Krautschicht. Sie besteht aus Wildkräutern wie den Insektenmagneten Waldengelwurz und Johanniskraut.

Nach einer Lichtung auf der rechten Seite kommen wir an eine große Forststraßengabelung. Hier gehen wir leicht ansteigend nach links. Nach ca. 20 Meter steht links eine Rettungsbox mit einer kleinen Wanderkarte. Gegenüber auf der rechten Wegseite zweigen wir auf den kaum erkennbaren, unmarkierten, grasigen Weg ab. Dieser steigt zunächst leicht an. Er führt zu einer Rechtskurve, die schon von der Forststraße aus zu sehen ist. Der Kurve folgen. In leichtem Auf und Ab parallel zur tiefer liegenden Forststraße am Hang entlang dem vergrasten Weg folgen. Der Weg trifft wieder auf die Forststraße, der wir links folgen. Am Wander-

Blick auf Schaufling und die Donauebene

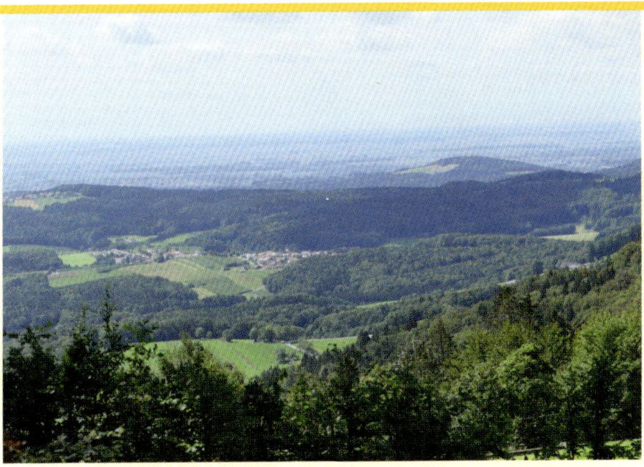

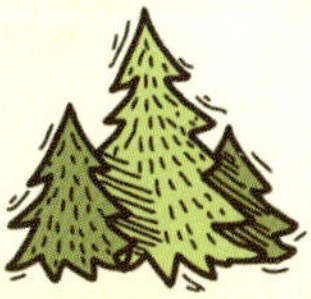

»In den Wäldern sind Dinge, über die nachzudenken man jahrelang im Moos liegen könnte.«

Franz Kafka

parkplatz vorbei halten wir uns nach dem Haus auf der linken Seite mit dem Goldsteigzeichen links Richtung Kapfing. Am Golfplatz entlang tauchen wir wieder in den Wald ein.

Es gibt eine Stelle, an der die Bäume einen herrlichen Blick auf das tief unten liegende Schaufling freigeben. Aber nur, solange die Bäume noch nicht wieder nachgewachsen sind. Wir befinden uns jetzt im wunderschö-

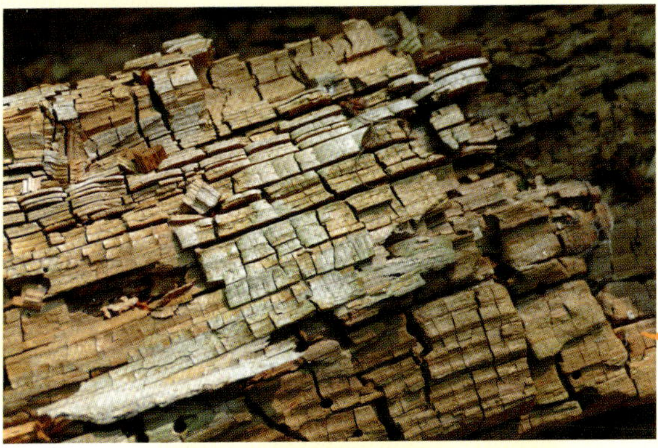

Da war der Braunfäulepilz am Werk

nen Naturwaldgebiet ❺. Der Wald bleibt sich selbst überlassen. Wir wandern weiter sanft bergab. Der Hang ist von Felsen durchsetzt. Mächtige, umgefallene Bäume mit Baumpilzen ragen in die Höhe oder modern liegend vor sich hin. Ein Braunfäulepilz hat einen Baum bearbeitet und die typisch braunen Holzwürfel hinterlassen.

Wir überqueren eine Forststraße und bleiben weiter dem Goldsteig treu. Gemütlich geht es an einem Haus auf einer friedlichen Lichtung vorbei und wieder in den Wald. Am nächsten querenden Forstweg verlassen wir den Goldsteig und wenden uns mit der roten 7 leicht ansteigend nach links. Am oberen Ende der folgenden Lichtung gehen wir mit der 7 rechts. Nun marschieren wir ein längeres Stück auf einer Forststraße, deren Randbewuchs und begleitende Wälder sehr abwechslungsreich sind. Zunächst eben, steigt der Weg später deutlich bergan. Wer etwas über die Geschichte des Leopoldshochwaldes erfahren will, kann das auf einer Info-Tafel ❻ nachlesen. Sie steht an einer Weggabel.

Hier und später an einer weiteren Gabelung halten wir uns auf der Forststraße mit der 7 erneut rechts. Auf der rechten Seite fällt der Hang unerwartet tief ab. Viele hohe Buchen säumen den Weg.

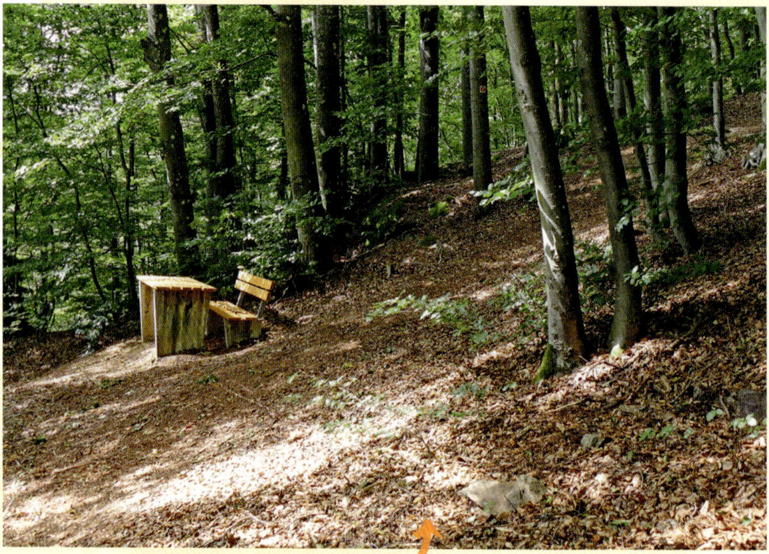

Gemütliche Rastbank

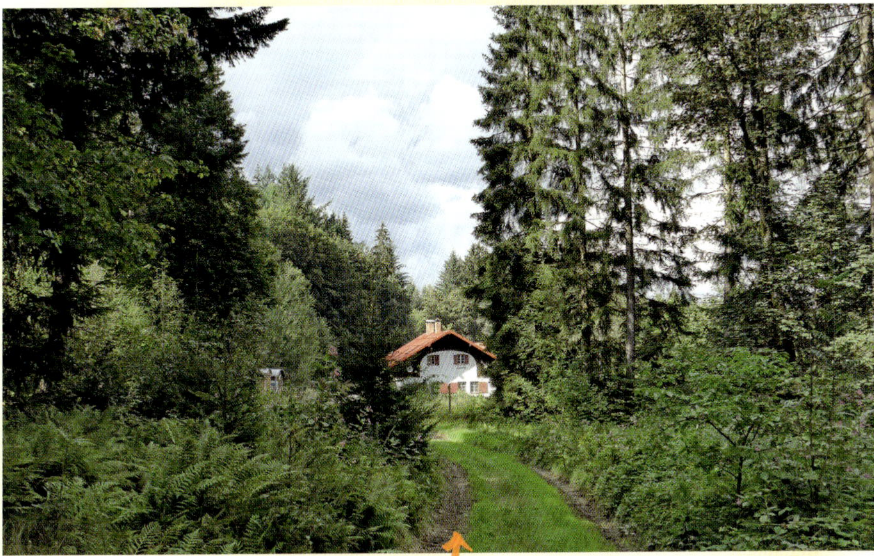

Das alte Forsthaus

Vor einem Tor zweigt die 7 links auf einen ansteigenden Waldpfad ab. Er schlängelt sich am Hang entlang durch ein schönes, felsiges Waldgebiet. Eine idyllisch gelegene Bank ohne Ausblick wartet darauf, dass wir uns hinsetzen. Schließlich führt die 7 über einen vergrasten Weg zu einem abgeschiedenen gelegenen, alten Forsthaus. Hier steht eine weitere Info-Tafel. Auf der steht aber nicht, dass es hier im 20. Jahrhundert schon mal Mord und Totschlag gegeben hat. Auf einem bequemen, kurvigen Waldweg geht es wieder zum Ausgangspunkt zurück.

Essen/Einkehren:

Während der Wanderung gibt es keine Einkehrmöglichkeit. Anschließend finden Sie Gasthäuser in Lalling und Ranzing (Ortsteil von Lalling).

Leicht

7,8 km

↓↑ 69 m

2½ Std.

Naturjuwel
Todtenauer Hochmoor

Parkplatz Durchfurtherschuß – Todtenau und umgebende Auen – Dösingerried – Flur „Totenbretter" – Parkplatz Durchfurtherschuß

Abwechslungsreiche Tour mit Einblicken in ein „höllisches" Moor. Auf einsamen Wegen geht es durch schönen Wald mit einer ganz eigenen Stimmung zurück.

Markierung:
Nordic-Walking – rote 7 ins Naturschutzgebiet – rote 6 / Naturerlebnispfad bis Dösingerried – rote 13 bis zum tiefsten Punkt – kurz Schild Richtung Seiboldsried – unmarkiert bis Parkplatz (alte 11)

Parken:
Wanderparkplatz Durchfurtherschuß, zwischen Lalling und Zell an der Kreisstraße DEG 23, am oberen Ende von „Ranzingerberg", an der Abzweigung nach Durchfurtherschuß (Navi: Ranzingerberg, 94551 Lalling)

Tourist-Information:
Hauptstraße 17
(ab Herbst 2021 Hausnr. 10)
94551 Lalling
Tel. 09904/374

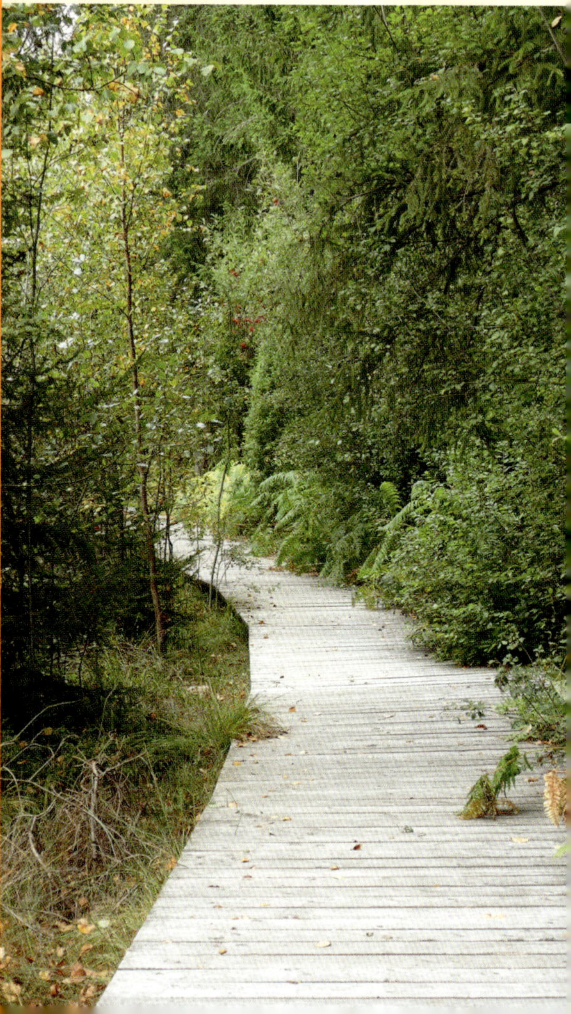

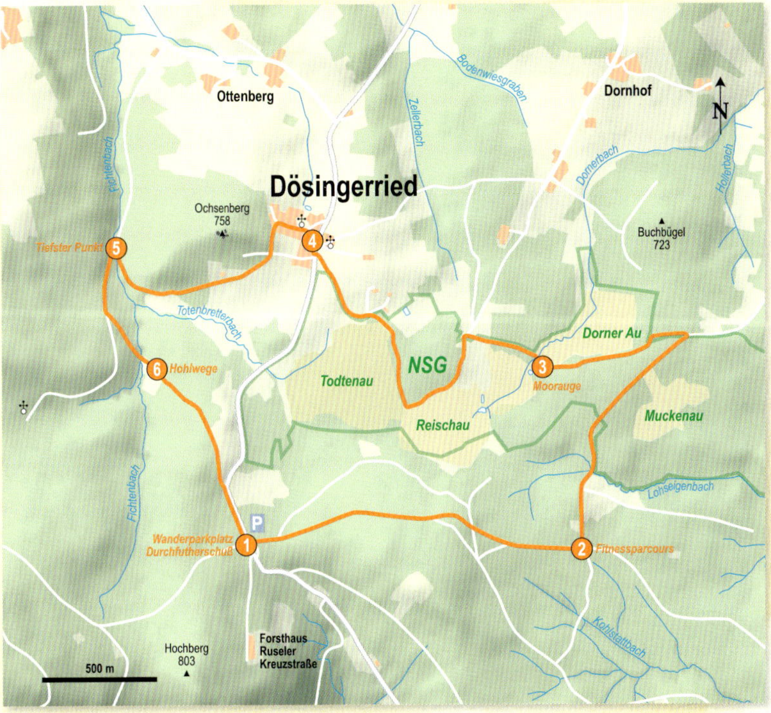

1. Start Wanderparkplatz Durchfurtherschuß
2. Station vom Fitness-Parcours
3. Moorauge
4. Dösingerried
5. Tiefster Punkt der Runde
6. Hohlwege

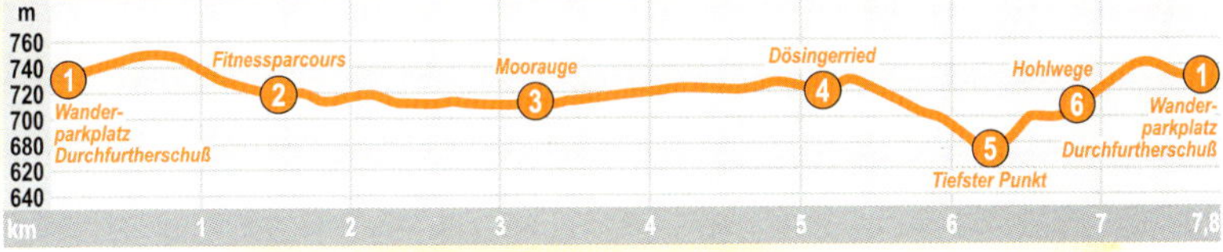

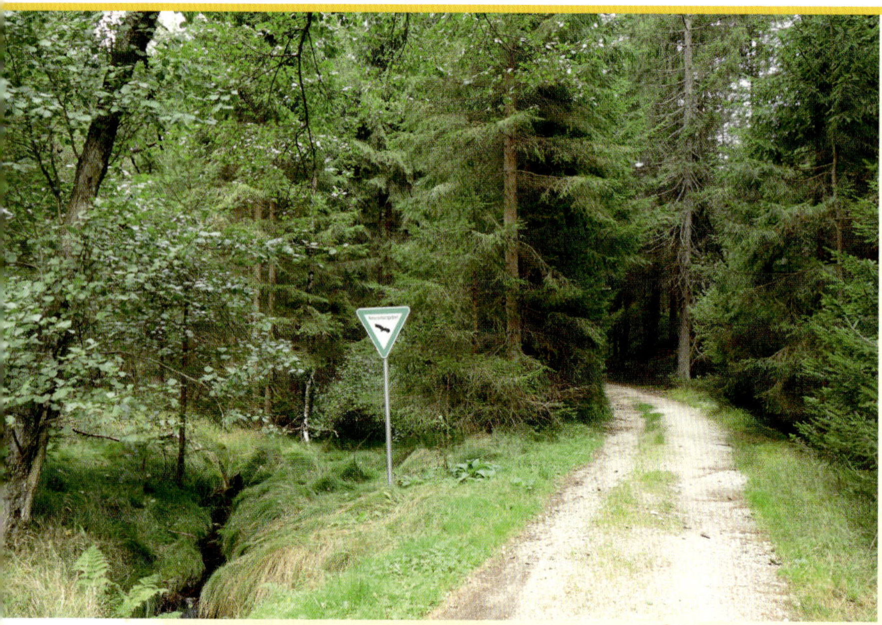

Der Anfang vom Naturschutzgebiet

Am Ende des Wanderparkplatzes „Durchfurtherschuß“ ❶ biegen wir rechts mit dem Hinweis zu den Nordic-Walking-Strecken auf die Forststraße ab, gehen in östlicher Richtung. Die erste Abzweigung nach 100 Metern links ignorieren, geradeaus auf der leicht ansteigenden Forststraße bleiben. Die Forststraße ist manchmal kurvig, dann wieder schnurgerade, aber der Wald ist sehr abwechslungsreich. Der Weg wird eben und gabelt sich später. Hier die Nordic-Walking-Strecke verlassen und den abfallenden Weg links nehmen. An der nächsten großen Kreuzung steht rechts eine Station vom Fitness-Parcours ❷. Links geht es mit der schwarzen Nordic-Walking-Markierung und der roten 7 Richtung Reichertsried noch einmal auf einer Forststraße weiter.

Ein Stück weiter zweigt in einer scharfen Rechtskurve die 7 links auf einen kleinen, ebenen Waldweg ab. Wenig später tauchen wir in das Naturschutzgebiet „Todtenau und umgebenden Auen“ ein. Der märchenhafte Fichtenwald ist mit hell- und dunkelgrünen Moosen und Heidelbeersträuchern durchzogen. An einer Abzweigung mit Infotafeln lenkt uns die rote 6 nach links Richtung Dösingerried.

Wir schlendern auf ungefähr 720 Metern Höhe durch ein Moorgebiet, das schon seit Jahrzehnten unter Naturschutz steht. Das ist gut so, denn Moore gelten nach der Roten

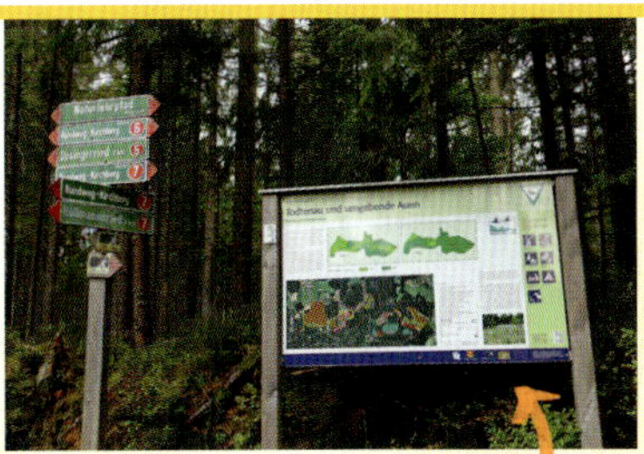

Infotafel zur Todtenau

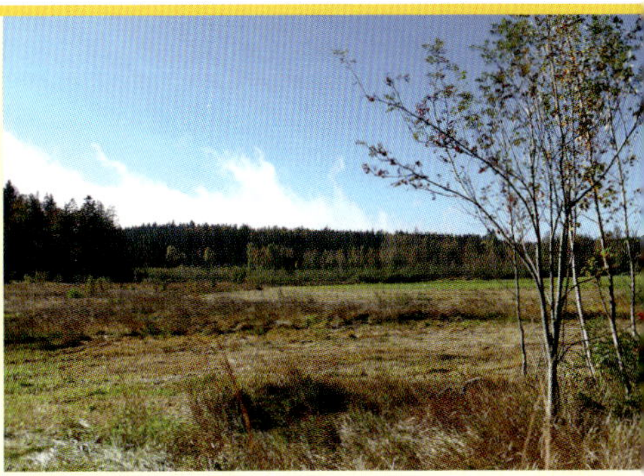

Im Moorgebiet

Liste der gefährdeten Biotope überwiegend als „von vollständiger Vernichtung bedroht". Mit den Flechten an den Baumstämmen wirkt alles märchenhaft, mit waberndem Nebel schaurig schön. Passend dazu taucht eine Tafel mit Infos über die „höllischen" Flurnamen „Tote Au" und „Höllenau" auf.

Bei einem Moorauge ❸ öffnet sich der Blick über die Moorlandschaft. Der Weg führt dann im Wald entlang der Moorwiesen zu einer Wegkreuzung mit Infotafeln. Schwarzstorch, Wollgras und Arnika sind nur einige der seltenen Bewohner dieses Lebensraumes.

Wir gehen an der Wegkreuzung links, folgen dem „Naturlehrpfad" direkt neben dem

Moorauge

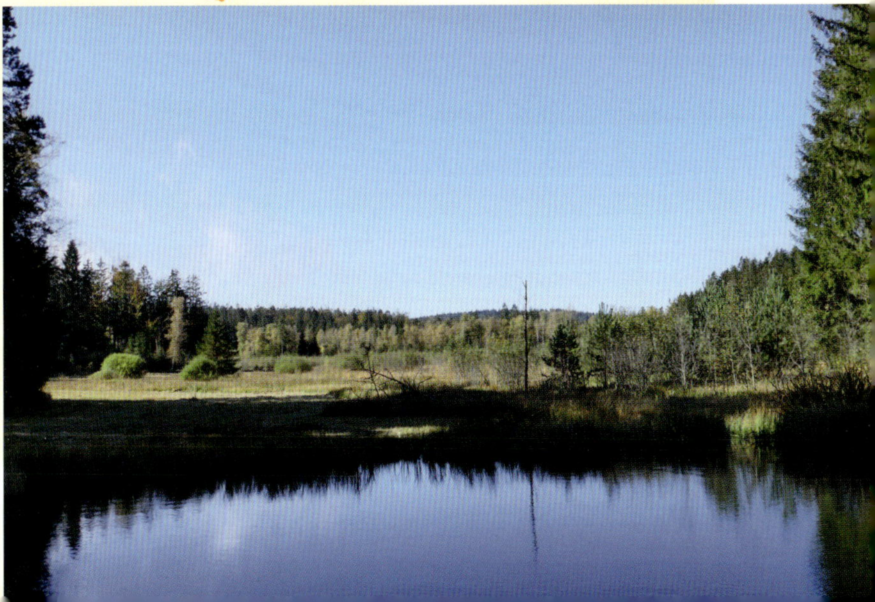

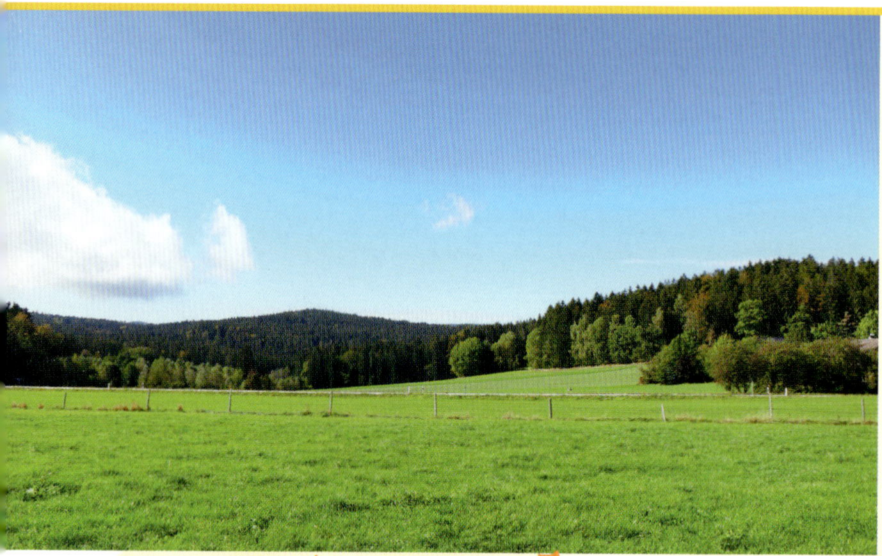

Hochebene bei Dösingerried

Schild „Naturschutzgebiet“. Der Moorpfad führt mit schönem Blick über die Moorlandschaft an den Feuchtwiesen entlang. Dabei immer geradeaus am Waldrand bleiben. Später taucht die 6 auf und der Weg lenkt in den Wald. Ein Holzbohlenweg führt zu einer Naturbeobachtungsplattform mit schönem Blick in die Moorvegetation. Moorpflanzen in Hochmooren haben keinen Kontakt zum Bodenwasser, erhalten ihr Wasser

Dösingerried

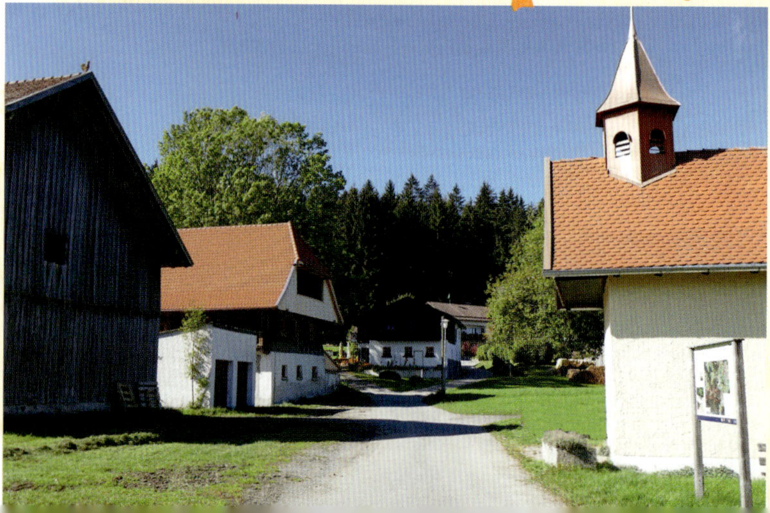

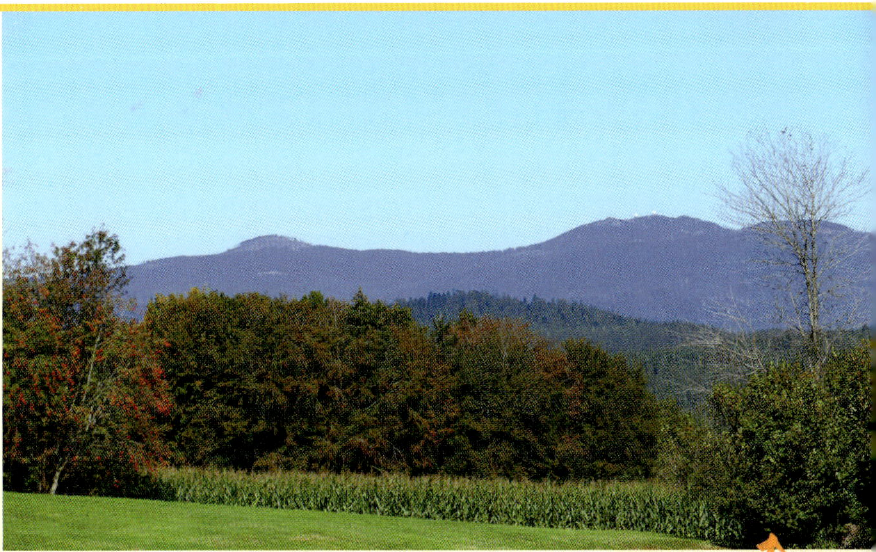

Blick von Dösingerried zum Kleinen und Großen Arber

nur von oben, also von Regen, Tau und Nebel.

Weiter geht es auf einem attraktiven Pfad durch die verwunschene Landschaft. Um eine Bank links herum und dann geradeaus weiter der 6 durch den Wald folgen. An der nächsten Weggabelung mit Wegweisern halten wir uns geradeaus an die 6 Richtung Dösingerried. Eine Infotafel klärt über die Entwicklungsdauer eines Moores auf. Als die Pyramiden in Ägypten gebaut wurden, hatte das Todtenauer Moor schon ein paar tausend Jahre auf dem Buckel!

Noch ein kurzes Stück durch schönen Wald mit vielen Birken und Ebereschen und der Wald hört auf. Über eine offene Hochebene bringt uns der Weg nach Dösingerried ❹. Wir überqueren die Straße, gehen ein paar Meter rechts und mit der roten 13 sofort links in das friedliche Dorf. Der Wanderweg führt zwischen einer Kapelle und einem hübsch sanierten alten Bauernhaus hindurch. Von hier haben wir einen schönen Blick auf den Großen Arber, den höchsten Berg im Bayerischen Wald. Kurz danach zweigt die 13 Richtung „Zell – Seiboldsried“ links ab.

»Der alte Weg zieht durch stimmungsvollen, fast mystischen Wald.«

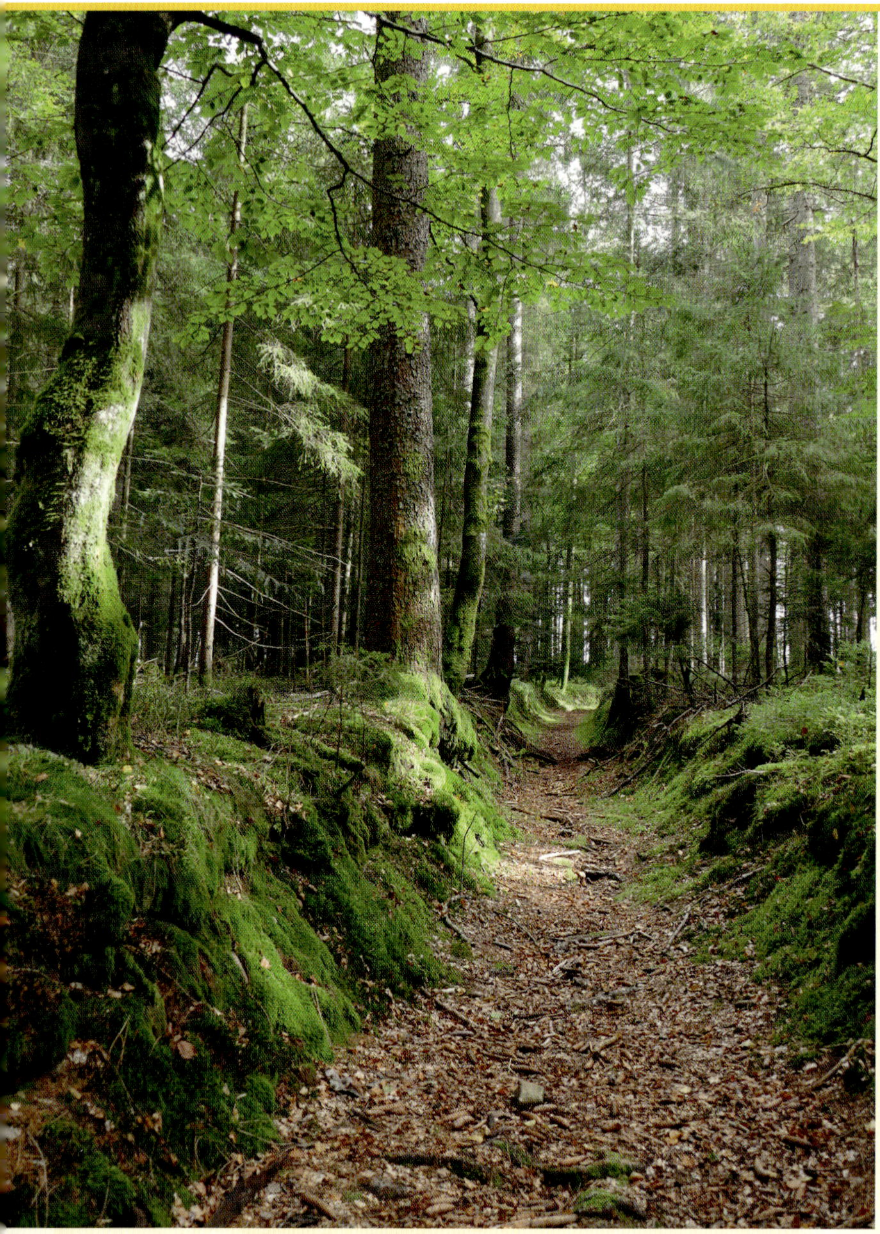

Hohlweg auf dem Rückweg

Wir folgen geradeaus dem Weg am Waldrand entlang, dann über eine Wiese abwärts und nach einem einsamen Haus wieder in den Wald. Der Berg rechts heißt Ochsenberg. Dann eine ruhige Lichtung gestreift und durch herrlichen Mischwald auf einem angenehmen Weglein immer weiter bergab. Links rauscht der Totenbretterbach. In der Senke folgt ein anderer Bach seinem ursprünglichen Verlauf und der Weg führt zum tiefsten Punkt der Tour ❺.

Hier verlassen wir die 13 und wenden uns auf dem Forstweg Richtung „Seiboldsried" nach links. Beidseits des ansteigenden Weges wächst überraschend viel Moos und üppige Vegetation. Links taucht nach 200 Metern eine kleine Wiese auf, kurz danach zweigt rechts der Weg nach Seiboldsried ab. Wie biegen nicht ab, gehen noch ein paar Schritte weiter und zweigen dann links auf den unmarkierten, ebenen Waldweg ab.

Gelegentlich sieht man noch die ursprüngliche Markierung, eine gelbe 11. Eine seltsam verträumte Stimmung herrscht hier. Trotz des Flurnamens „Totenbretter" ist es friedlich, idyllisch. Wir überqueren einen Bach über eine Furt. Danach mündet der Weg in einen Hohlweg ein ❻. Übrigens sind auch Hohlwege laut Roter Liste im Bestand bedroht. Es geht an stehenden und liegenden Totholzbäumen vorbei, aus denen Baumpilze wachsen. An Gabelungen immer den „geradeaus" nach oben führenden Hauptweg nehmen. Meistens ist es ein (nicht zu tiefer) Hohlweg. Der schmale Weg wird flach und bringt uns über eine bewaldete Ebene durch schönen Mischwald mit vielen Heidelbeersträuchern. Später fällt der Weg leicht ab und lotst uns zu einem großen Holzlagerplatz, wo wir links zur Straße gehen. Auf dieser rechts abbiegen. Nach 250 Metern sind wir wieder am Wanderparkplatz.

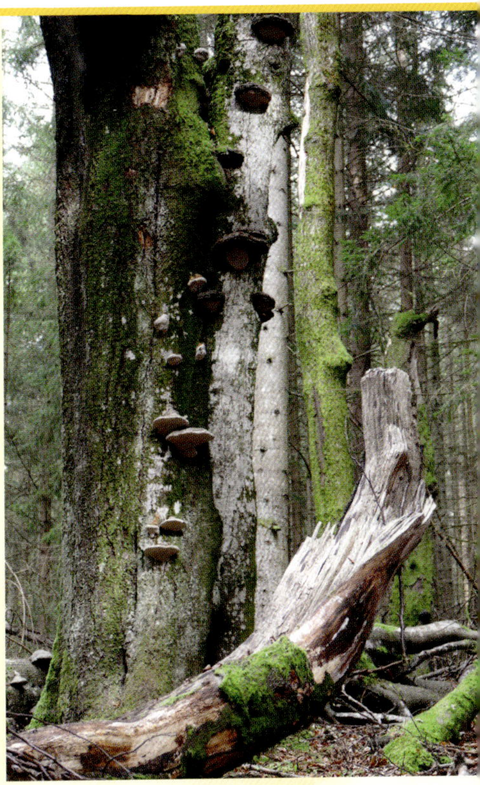

Totholz

Essen/Einkehren:

Keine Einkehrmöglichkeit.
Die nächsten Gasthäuser sind in Lalling und Lalling, Ortsteil Ranzing.

Leicht

2,7 km

↓↑ 42 m

1 Std.

Das Heckenparadies von Allhartsmais

Allhartsmais – Heckenrundweg - Allhartsmais

Diese Tour lockt mit einer sonnigen Hochebene, unerwartet vielen Hecken, einer stimmungsvollen Lichtung sowie einem lustigen Aussichtsturm.

Markierung:
Der Weg ist durchgehend mit „Heckenlehrpfad“ markiert.

Parken:
Parkplatz in Allhartsmais, Dorfplatz oberhalb der Kapelle (Navi: Allhartsmais, 94572 Schöfweg)

Tourist-Information:
Rachelstraße 1
94572 Schöfweg
Tel. 0 99 08/2 79

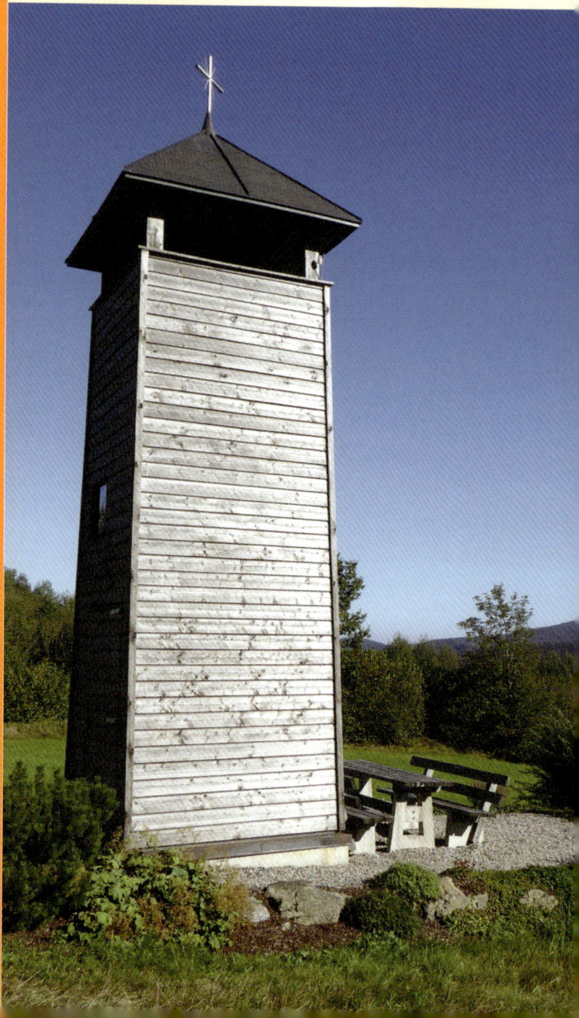

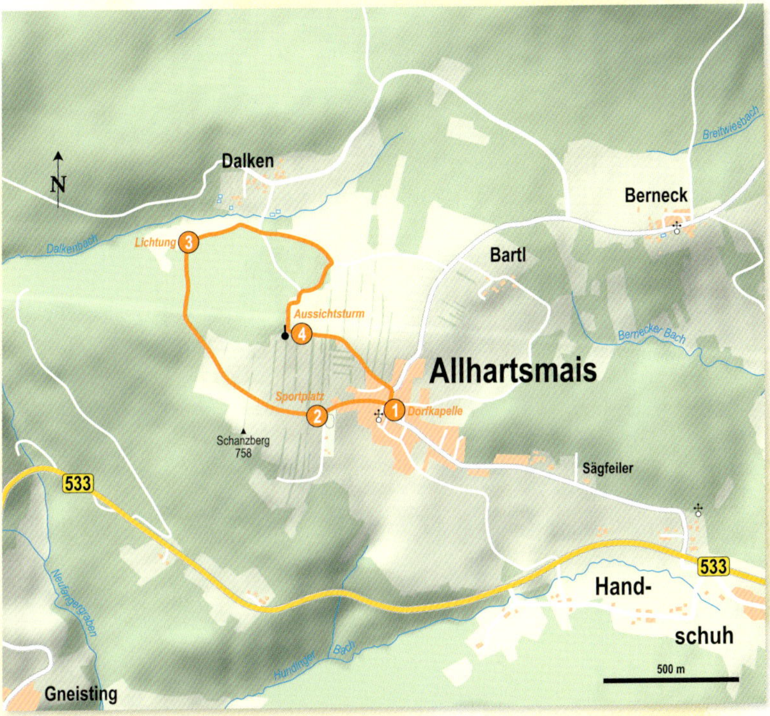

❶ Start / Dorfplatz Allhartsmais
❷ Sport- und Fußballplatz
❸ Lichtung
❹ Aussichtsturm

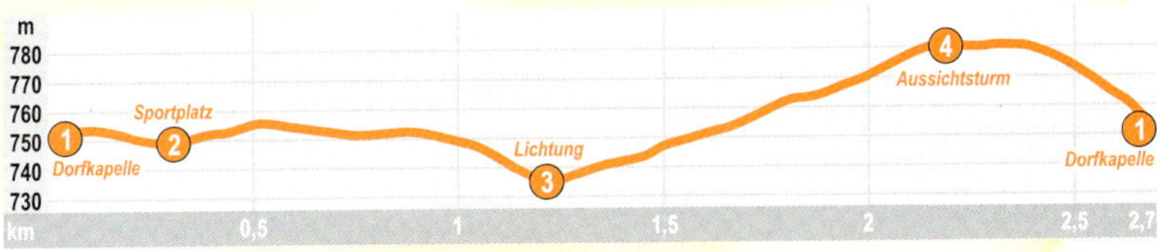

Die Runde beginnt in Allhartsmais am Dorfanger oberhalb der Kapelle ❶. Das gepflegte Dorf präsentiert sich mit einem hübschen Ortskern. Hier sieht man deutlich die ursprüngliche Anordnung der Bauernhäuser um den Anger herum.

Rasten und schauen am Heckenlehrpfad

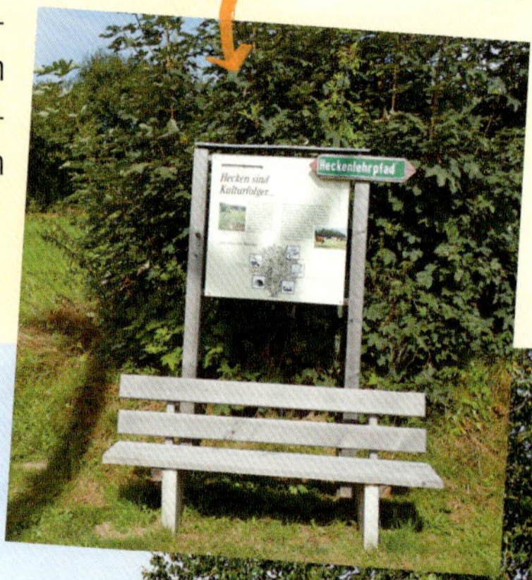

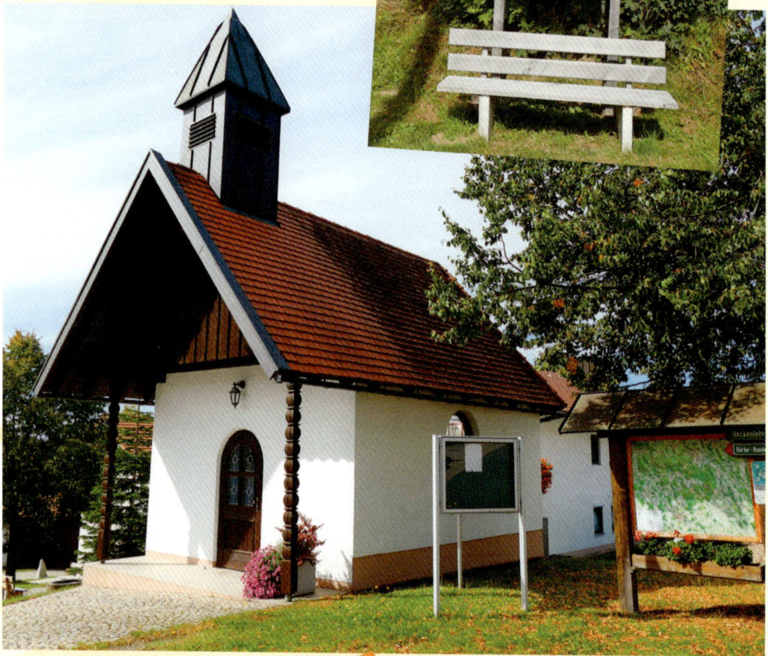

Kapelle in Allhartsmais

Am oberen Ende des Platzes lenkt die grüne Hinweistafel „Heckenlehrpfad" nach links, führt eben aus dem Dorf hinaus. Wir treffen auf den Fußballplatz ❷ und die Infotafel „Hecken sind Kulturfolger". Der bequeme Weg führt an schmalen Wiesen vorbei, die von Hecken gesäumt sind. Hecken sind leider selten geworden, obwohl sie nützlicher Lebensraum sind. Sie verlocken Vögel, Eidechsen, Insekten und andere Tiere dazu, in

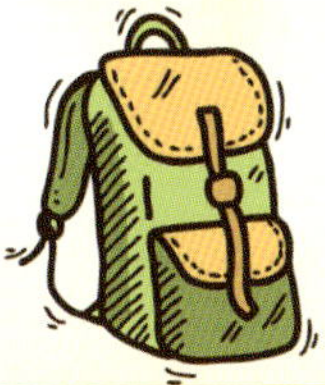

»Es gibt so viele Hecken! Das ist dermaßen ungewöhnlich, dass es sich schon alleine deshalb lohnt, hier vorbeizuschauen!«

ihnen zu wohnen. Manchmal verführen Hecken aber auch den Menschen, wenn schon nicht zum Wohnen, so doch zum Naschen an süßen, vollreifen Hagebutten oder herben Schlehen, aber ohne Kerne!

Besonders auffällig sind die schmalen Wiesenstreifen, die sogenannten „Streifenflure". Sie gehen auf die Zeit der Erstbesiedlung (und späteren Aufteilung durch Erben) zurück. Die Menschen, die in grauer Vorzeit bereit waren, sich hier niederzulassen, wurden mit streifenförmigen Parzellen belohnt. Jeder Bauernhof bekam seinen Anteil. Dazu musste die Fläche aber erst gerodet werden. Das wiederum war die Aufgabe der Siedler. Bevor sie also loslegen und ackern konnten, mussten sie erst den Wald abholzen. Die Endung „-mais" im Ortsnamen Allhartsmais weist darauf hin, dass es sich hier um eine Rodungsfläche handelt. Denn „mais" bedeutet so viel wie „roden".

Links schauen wir über die leicht nach Süden abfallende Hochebene auf den 1011 Meter hohen Brotjacklriegel. Mit seinem Fernsehsender ist er von jeder Seite aus gut zu erkennen.

Blick auf den Brotjacklriegel

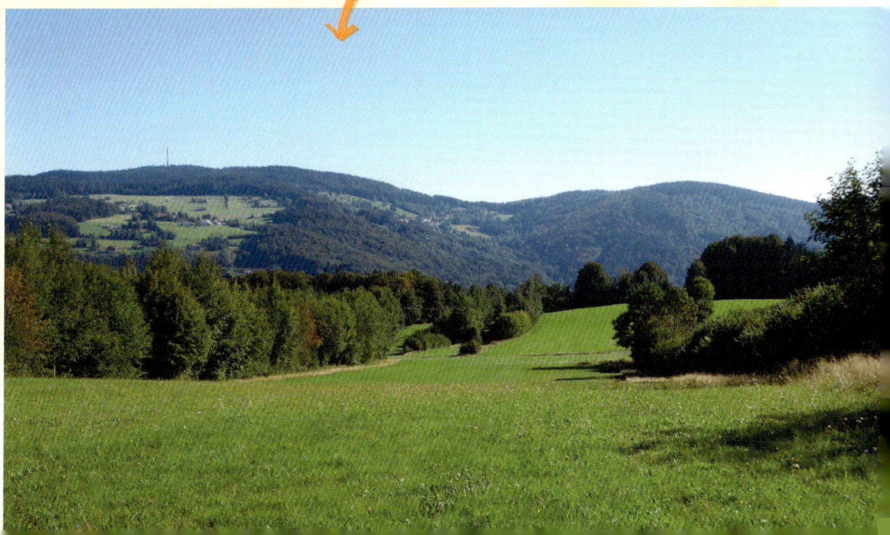

Auf den Wiesen blühen fast immer irgendwelche Blumen in vielen bunten Farben. Hier wächst die unter Naturschutz stehende, gelb blühende Blutwurz. Weiß und rosa blühende Schafgarbe sowie Witwenblumen und Glockenblumen mit violetten Blütenköpfchen machen den bunten Blumenreigen perfekt. Infotafeln am Weg erklären die Besonderheiten von Hecken und auch, welche Gefahren auf sie lauern.

Wir tauchen in den Wald ein, folgen dem Hauptweg.

Ab der nächsten Weggabel ist der Weg gut ausgeschildert. Er windet sich rechts haltend leicht abwärts durch den Wald und führt aus dem Wald auf eine stimmungsvolle, abgeschiedene Lichtung ❸. In der Nähe rauscht ein Bach, den wir zwar hören, aber nicht sehen. Der Lehrpfad folgt rechts dem Weg am Waldrand entlang. Am gegenüberliegenden Waldrand steht eine Holzhütte. Da hat sich jemand ein wirklich idyllisches Plätzchen ausgesucht!

Wir gehen auf dem schönen Weg geradeaus weiter. Die Häuser, die links zwischen den Bäumen hervorblitzen, gehören zu Dalken. Am Wegrand wächst allerhand, so auch Wiesenbärenklau. In meinem Dialekt hat er den klangvollen Namen „Bärentatzen". Wenn sich im Herbst Samen bilden, sollte man unbedingt ein Experiment wagen: Die reifen oder unreifen Samen zerdrücken und daran riechen. Sie duften erstaunlich intensiv nach Orangen!

Orangenduft! Samen vom Wiesenbärenklau

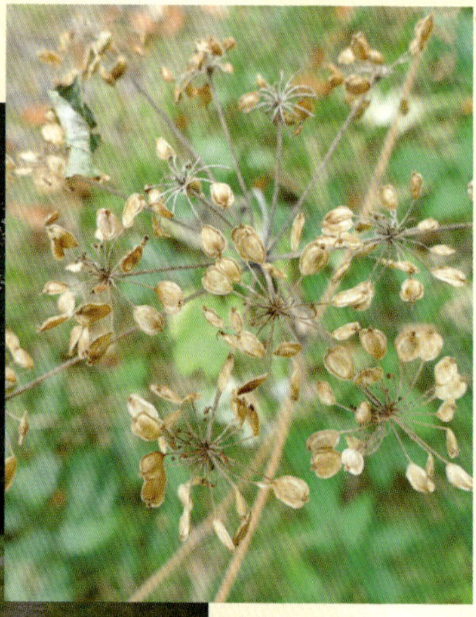

Stimmungsvolle Lichtung

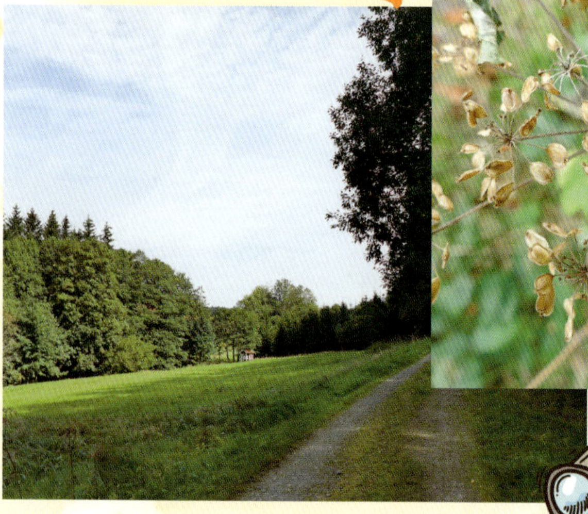

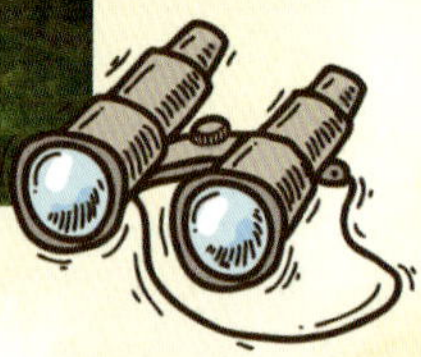

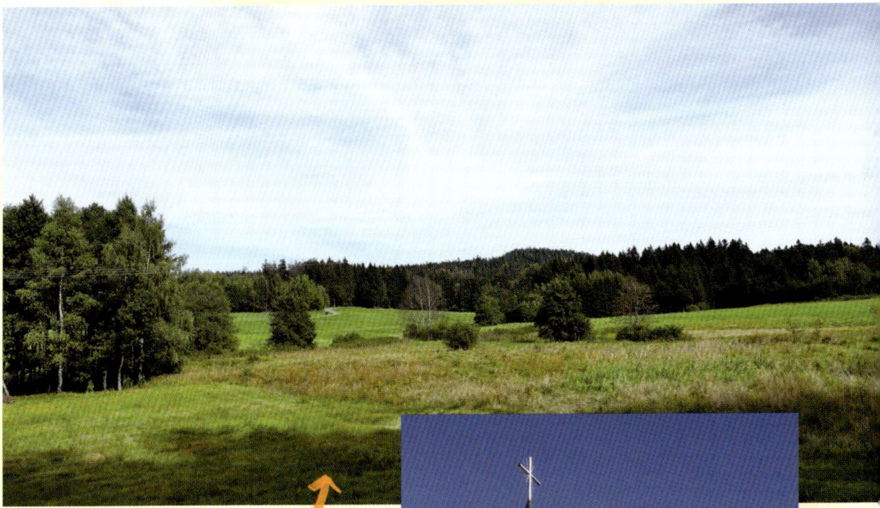

Hochebene mit Blick auf den Plattenstein

Schließlich endet auf der linken Seite der Wald. Der Blick schweift über eine schöne Hochfläche, bestehend aus Wiesen, Feuchtwiesen und Feldgehölzen. Im Hintergrund erhebt sich der Plattenstein, der von dieser Perspektive aus kaum zu sehen ist. Wir folgen dem Weg weiter, bis der Wald auch auf der rechten Seite endet.

Der Heckenlehrpfad lenkt uns rechts in den Wald. Der Weg schlängelt sich nahe am Waldrand nach oben. Er trifft auf einen Weg, wo links viele Brombeersträucher wachsen. Hier links hoch und dann rechts am Waldrand entlang auf dem Weg nach oben gehen.

Auf der Kuppe stehen eine Marienfigur und ein lustiger Aussichtsturm ❹. Er ist etwas klein geraten. Warum das so ist? Früher war er ein Glockenturm. Beim Aufstieg auf die

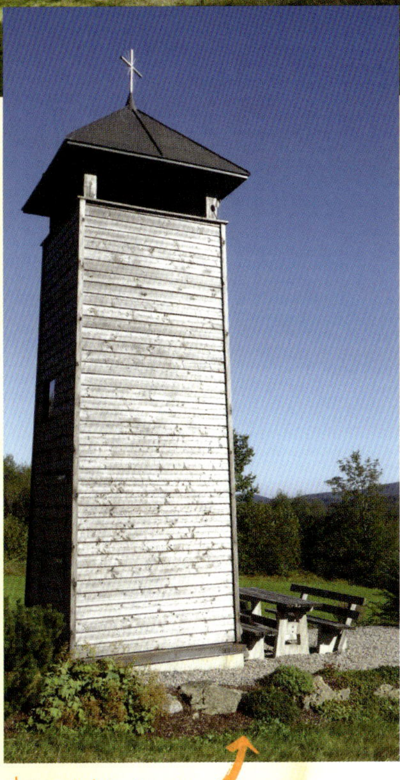

Aussichtsturm

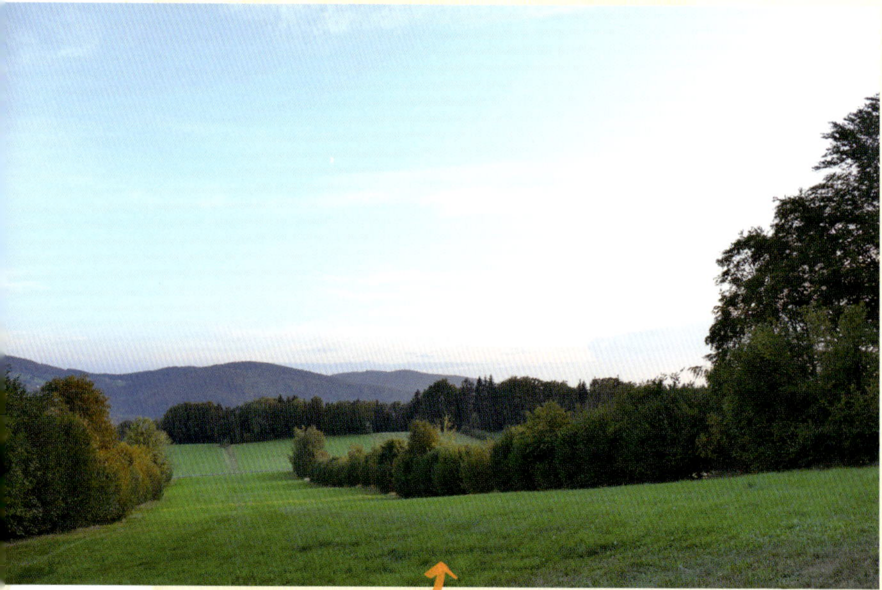

Hecken-Impressionen

Aussichtsplattform heißt es deshalb: Kopf einziehen. Oben hat man einen guten Überblick über die Einteilung der Parzellen. Am Rastplatz neben dem Türmchen kann man sich von der einfachen und trotzdem zauberhaften Runde erholen.

Wir gehen zur Marienfigur zurück und wenden uns auf dem ebenen Weg nach rechts. Zwischen den Hecken schauen wir immer wieder auf den Brotjacklriegel und die benachbarten Berge mit ihren breiten, runden Bergrücken.

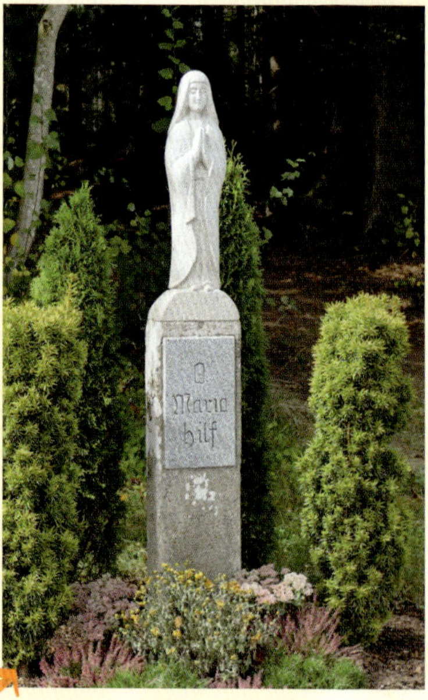

Marienstatue beim Aussichtsturm

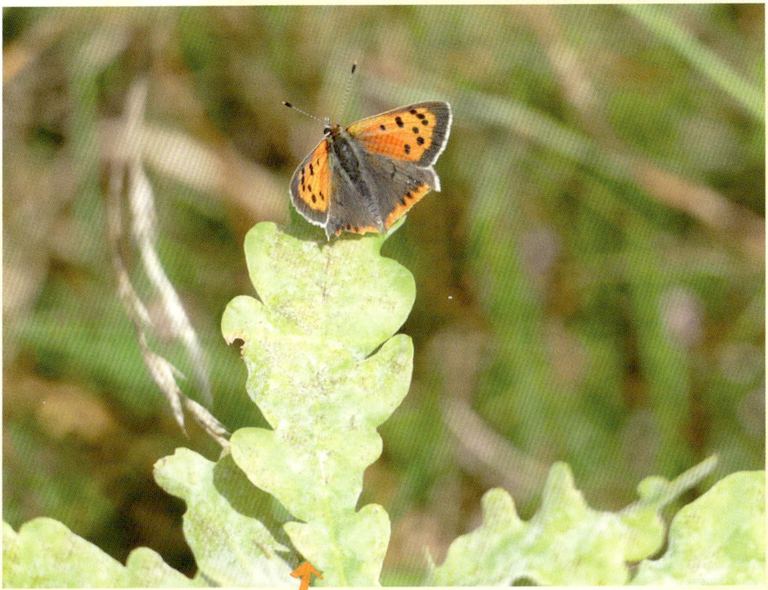

Kleiner Feuerfalter

An Hecken entlang und „Sinnestafeln“ vorbei führt uns der Weg viel zu schnell bergab wieder ins Dorf. Schnell noch an wildem Thymian geschnuppert. Und mit etwas Glück tänzelt ein Schmetterling vor unseren Augen herum. Rechts erreichen wir kurz darauf wieder den Ausgangspunkt unserer kurzweiligen Runde.

Blick beim Aussichtsturm

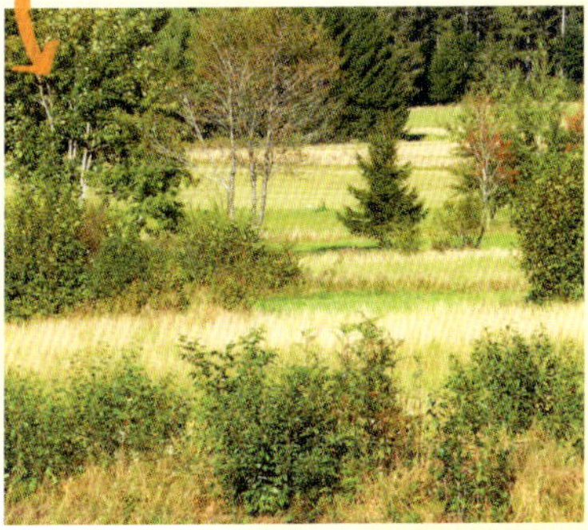

Essen/Einkehren:

An der Wanderstrecke gibt es keine Möglichkeit zum Einkehren. Die nächsten Gasthäuser befinden sich im nahen Schöfweg.

Streuobstwiesen und Leitenbichelhänge

Mittel

8,7 km

↓↑ 275 m

3 Std.

Panholling – Leitenbichel – Zueding - Panholling

Schöne Wälder, herrliche Blicke, prächtige Streuobstwiesen und ein informativer Themengarten prägen diese reizende, waldbetonte Rundtour.

Markierung:
Streuobsterlebnisgarten / gelber Goldsteig – rote 7 / Gunthersteig – rote 12 beim Leitenbichel – Goldsteig – unmarkiert bis Zueding – ab Zueding rote 12 / Streuobsterlebnisgarten – Goldsteig

Parken:
Am unteren Ende von Panholling ist ein kleiner Parkplatz (Navi: Hochwaldstr., Panholling, 94551 Hunding)

Tourist-Information:
Hauptstraße 17
(ab Herbst 2021 Hausnr. 10)
94551 Lalling
Tel. 09904/374

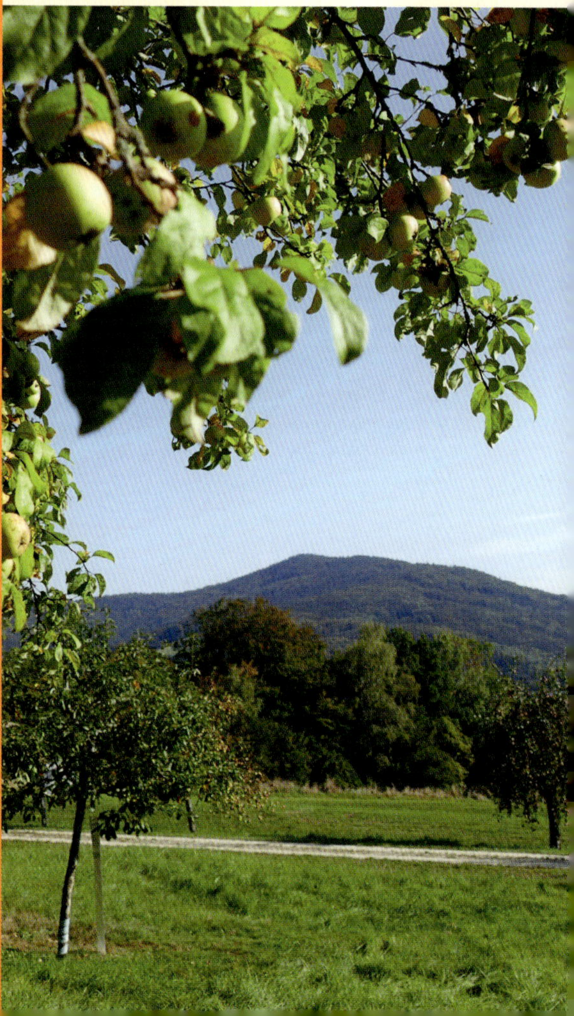

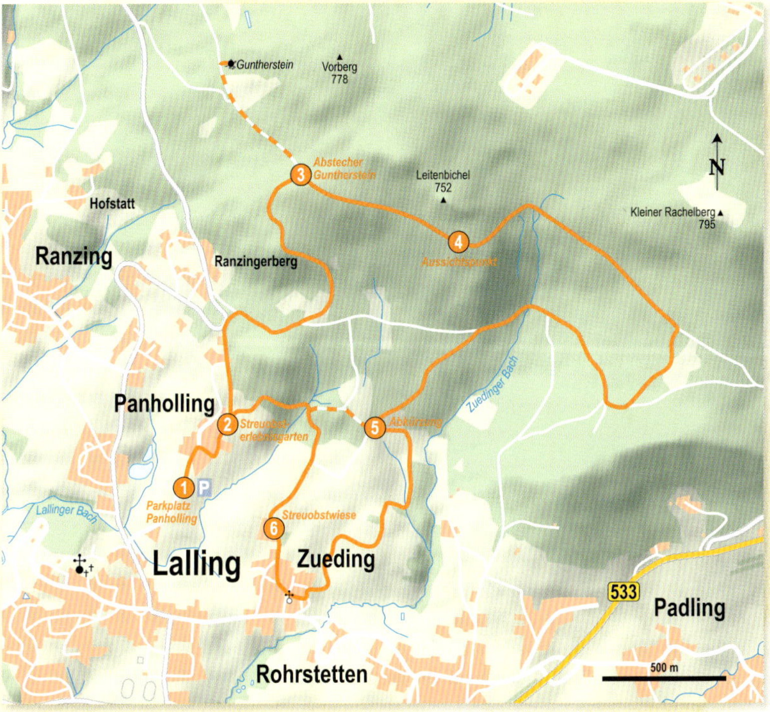

❶ Start/Parkplatz Panholling
❷ Streuobsterlebnisgarten
❸ Abstecher zum Guntherstein
❹ Aussichtspunkt mit Rastbank
❺ Abkürzung
❻ Streuobstwiesen

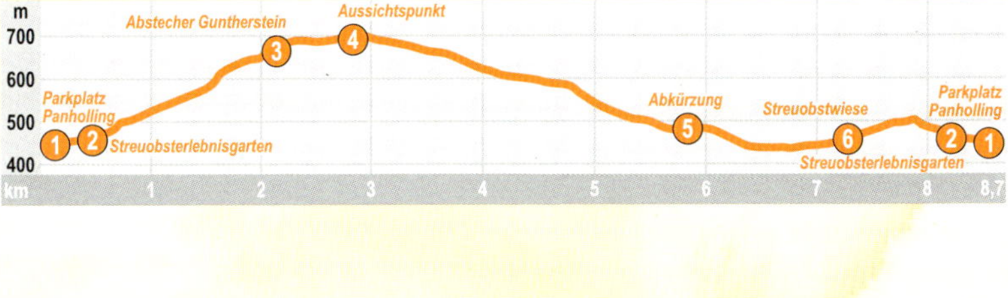

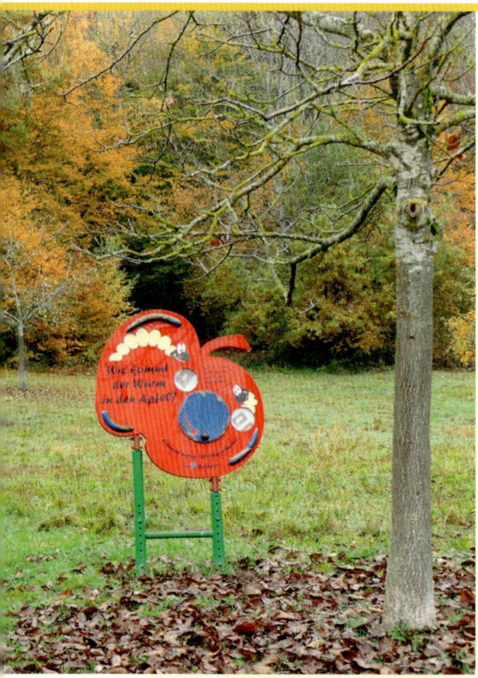

Der Wurm im Apfel

Die Markierungen lotsen auf einen seitlich schön eingewachsenen Forstweg und auf diesem zu einer Lichtung. Hier links abbiegen und über eine Wiese bergauf wieder in den Wald. Mit den Markierungen weiter ansteigen (von rechts kommt die rote 12 dazu).

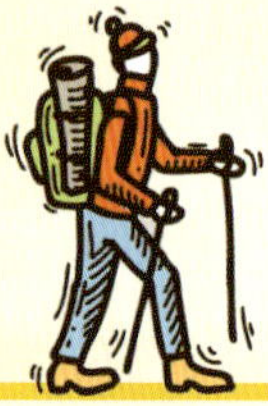

Vom Parkplatz in Panholling ❶ folgen wir dem Hinweis zum „Streuobsterlebnisgarten“ und dem gelben Goldsteigzeichen durch das kleine Dorf hinauf zum Streuobsterlebnisgarten ❷. Dessen Erkundung heben wir uns für das Ende der Tour auf. An der Raststation geht es links vorbei, an der Apfelsorte „Goldparmäne“ und der Infotafel „Die Formen der Obstgehölze“ geradeaus über die Wiese nach oben. Wir halten uns links vom Feldgehölz mit Schlehen (Info!) ohne Markierung weiter aufwärts, kommen kurz durch einen Wald. Beim Hochbehälter der Landstraße nach rechts folgen. Vor der aussichtsreichen Einmündung in die Straßenkurve zweigen die rote 7 und das Gunthersteigzeichen rechts aufwärts ab.

»Durch schönen Wald geht es kräftig bergauf!«

Inmitten herrlicher Natur folgen ein steileres Stück auf einem steinigen Weg, dann wieder ein bequemerer kleiner Waldweg. Schließlich taucht eine querende Forststraße auf. (Hier besteht die Möglichkeit, links einen Abstecher ❸ zum Guntherstein zu machen. Dann ist die Runde insgesamt 1,4 km länger).
Wir zweigen mit der roten 12 Richtung Rohrstetten rechts ab. Nun geht es ein längeres Stück auf der bequemen Forststraße durch abwechslungsreichen Wald. Mit nur geringen Höhenunterschieden wandern wir an den Hängen des Leitenbichels entlang. Der Na-

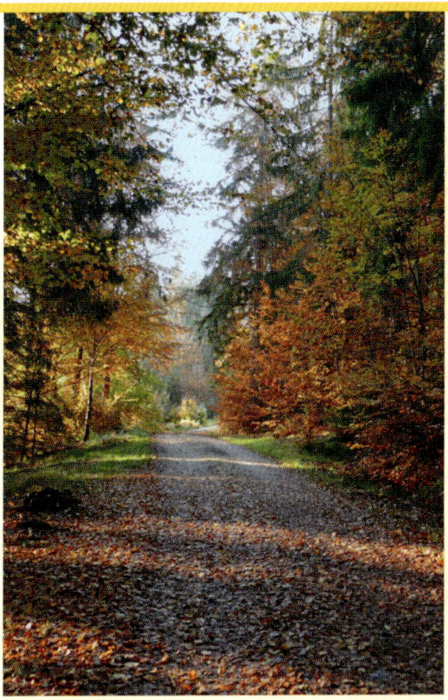

Zurückgeschaut: Herbstimpressionen am Leitenbichel

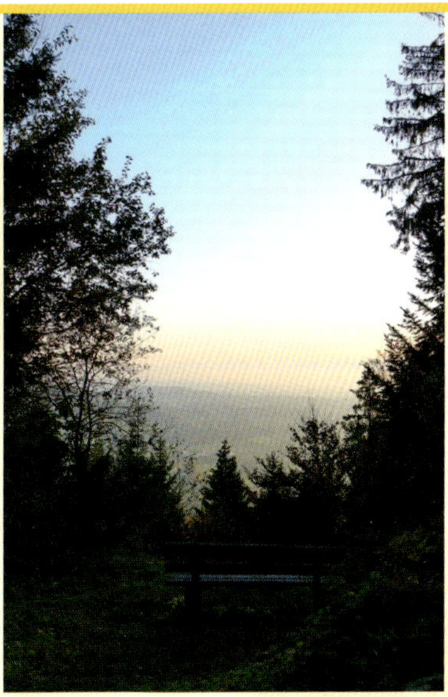

Abendstimmung beim Aussichtspunkt am Leitenbichel

me „Leitenbichel" ist sehr aussagekräftig. „Leite" bedeutet Steilhang und mit „Bichel" wird ein Hügel bezeichnet. „Hügel" ist untertrieben, aber „Steilhang" ist auf alle Fälle zutreffend. Rechts ist der Berghang stellenweise ganz schön abschüssig.

Unterwegs verlockt ein Aussichtspunkt 4 mit Rastbank zum Schauen. Schließlich zweigt die 12 rechts ab. Die Markierung steht links vom Weg! Ein kleiner Waldweg schlängelt sich leicht abwärts, ist stellenweise mit Gras bewachsen, führt durch malerischen Wald mit moosbedecktem Boden.

Die 12 trifft später auf einen Forstweg und kurz danach auf das gelbe Goldsteigzeichen. Mit diesem geradeaus auf dem Forstweg weiterwandern. Ein Bach kreuzt den Weg. Nach einer Naturverjüngungsfläche schwenkt der Goldsteig links auf einen abwärts führenden Waldweg ein. Nach dem Wald öffnet sich ein faszinierender Blick über die schön gewellte Landschaft auf die Berge Steinberg und Büchelstein. Dort, wo

Blick auf den Steinberg und Büchelstein

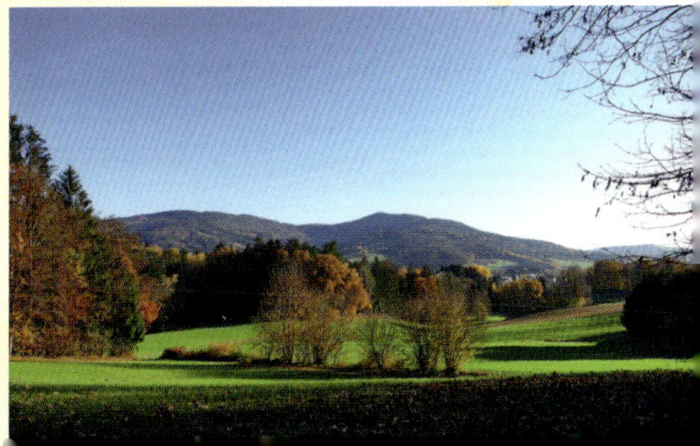

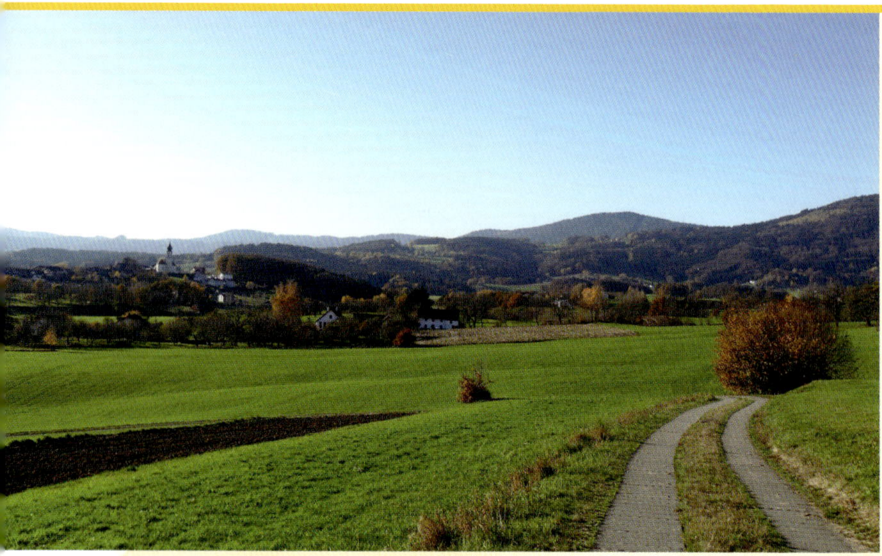

Blick über Zueding nach Lalling

die Bäume auf der linken Seite endgültig aufhören, die Wiesen anfangen und rechts ein Bauwagen steht, heißt es aufpassen, denn wir verlassen den markierten Weg. (Wer das nicht will, kann abkürzen ❺. Dafür weiter dem Goldsteig folgen, der ein paar Meter weiter vorne rechts abbiegt und zum Start zurückführt. Die Runde ist dann 2 km kürzer).

Gegenüber vom Bauwagen zweigt links ohne Markierung in südöstlicher Richtung ein unscheinbarer Wiesenweg ab. Leicht abfallend lenkt er uns anfangs am Waldrand entlang. Wenige Meter weiter laufen wir neben einer Hecke und treffen auf eine Bank am Wiesenrand. Hier macht der Weg eine Rechtskurve, geht in einen gut befestigten Weg über und führt bergab. Der Weg zieht über schön geschwungene Wiesen und am Wald entlang in eine Senke. Dann lotst er uns auf einen kleinen Hügel zu einem Wäldchen mit vielen Eichen.

Nach der Kuppe ist der Weg bergab ein Stück zweispurig betoniert. Zwischen den beiden Spuren wächst wilder Thymian. Der Blick über den Lallinger Winkel auf den Hausstein ist wunderschön! Unten angekommen bringt uns der Weg an einer Streuobstwiese mit Weidebetrieb vorbei nach Zueding. Vor den Häusern nehmen wir den linken Weg. Er beschreibt wenige Meter weiter eine Rechtskurve und trifft kurz danach auf eine Kapelle. Rechts haltend ist eine Straßengabelung, auf der es auf dem „Vorbergweg“ mit der roten 12 und dem Hinweis zum „Streuobsterlebnisgarten“ leicht ansteigend weitergeht. An fast jedem Haus steht ein Schild mit dem Hinweis, dass man Obst

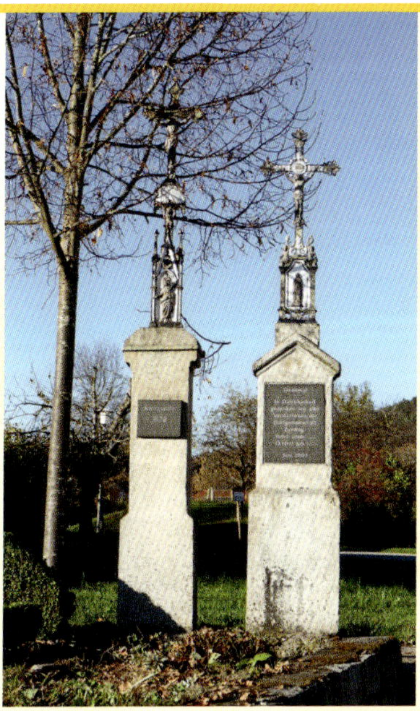

kaufen kann. Im Lallinger Winkel werden viele alte, hervorragend schmeckende Apfelsorten angebaut!
Wir kommen an Streuobstwiesen ❻ vorbei, die vor allem im Frühling während der Obstbaumblüte und später zur Zeit der Obstreife eine wahre Pracht sind. Leicht ansteigend geht es aus Zueding hinaus, geradeaus zum Waldrand und dann in den Wald hinein. An der Weggabelung, an der von rechts oben der Goldsteig herunterkommt, kann man einen kurzen Abstecher rechts bergauf zum Zeckenstein machen. (Wer beim Bauwagen abgekürzt hat, kommt hier auch vorbei). Der Zeckenstein erzählt eine seltsame Geschichte, die sich während der Pest zugetragen hat.

Marterl in Zueding bei der Kapelle

Typisch Lallinger Winkel

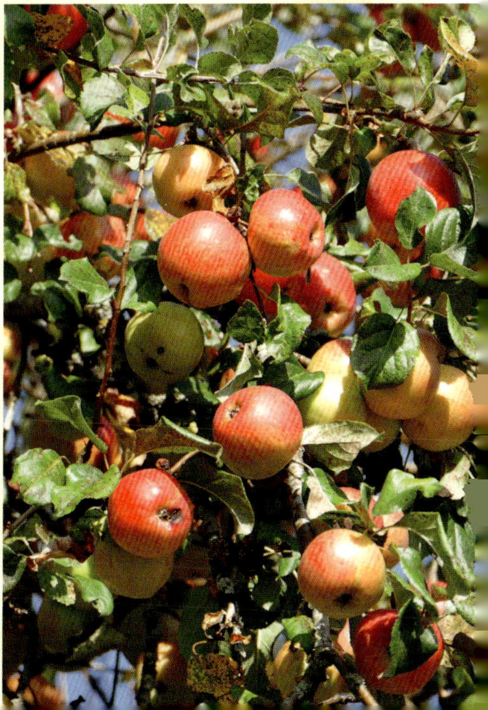

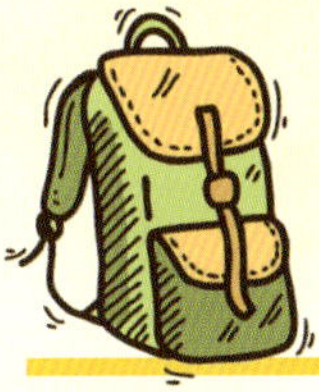

»Die vielen Streuobstwiesen mit zum Teil knorrigen, alten Apfelbäumen sind typisch für den Lallinger Winkel!«

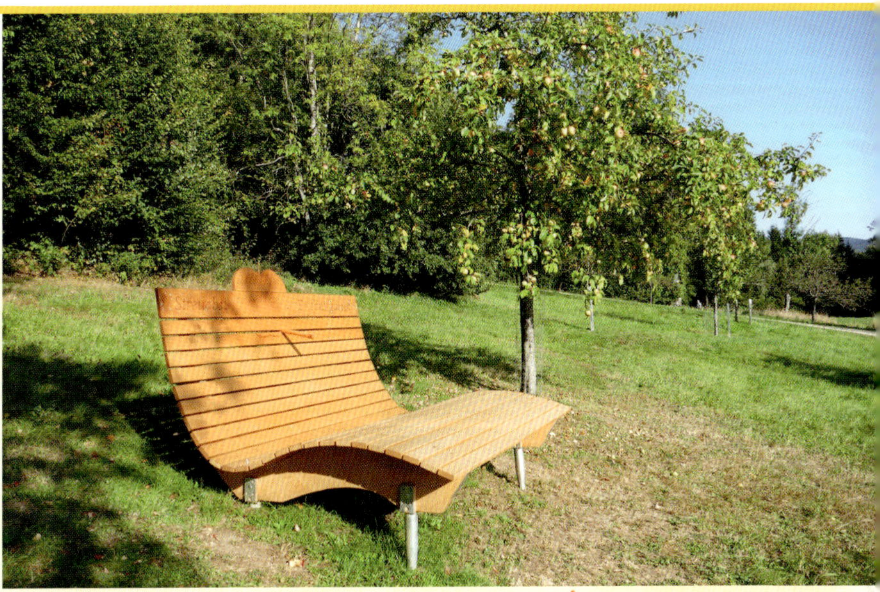

Rastplatz im Streuobsterlebnisgarten

Dann geht es wieder zurück zur Abzweigung. Mit dem Goldsteigzeichen und dem Hinweis zum Streuobsterlebnisgarten scharf rechts abbiegen. Die Markierung führt auf einem lauschigen Pfad über einen kleinen Bach, durch Mischwald mit vielen Buchen und mit schönem Blick auf Lalling aus dem Wald.

Wir befinden uns wieder im Streuobsterlebnisgarten, wo man zwischen Apfelbäumen und Infotafeln hin und her schlendern kann. Harmonische Liegen laden zum Entspannen unter Obstbäumen ein. Der abwärts führende Weg lenkt durch Panholling zurück zum Anfang der Wanderung.

Essen/Einkehren:

Direkt am Wanderweg keine Einkehr. Die nächsten Gasthäuser sind in Lalling, Lalling-Ranzing und Rohrstetten.

Zeckenstein

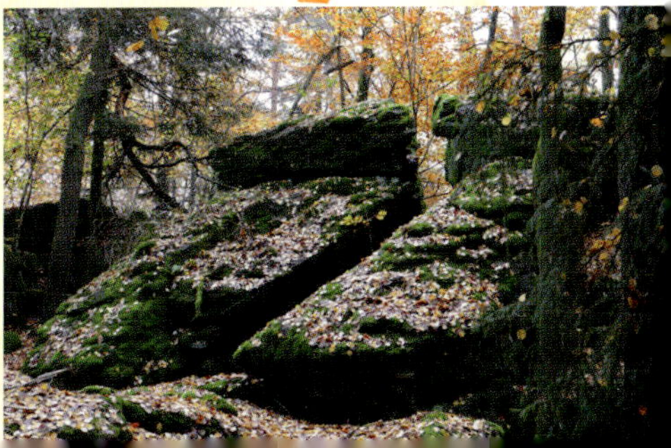

Leicht

7,7 km

↓↑ 94 m

2½ Std.

Lalling – Kaußing – Kaußinger Mühle – Euschertsfurth – Lalling

Entspannte Genussrunde in ein verträumtes Bachtal mit schönen Wäldern und alten, aufgelassenen Steinbrüchen.

Markierung:
Rote 1 / Naturerlebnispfad - rote 3 / Steinbruchsteig - ab Kaußing bis Kaußinger Mühle unmarkiert - Abstecher rote 56 – bis Euschertsfurth Gunthersteig / rote 3 – ab Euschertsfurth rote 3

Parken:
Lalling, beim Sportplatz (Navi: St.-Gunther-Str., 94551 Lalling)

Tourist-Information:
Hauptstraße 17
(ab Herbst 2021 Hausnr. 10)
94551 Lalling
Tel. 09904/374

Der Steinbruchsteig von Lalling

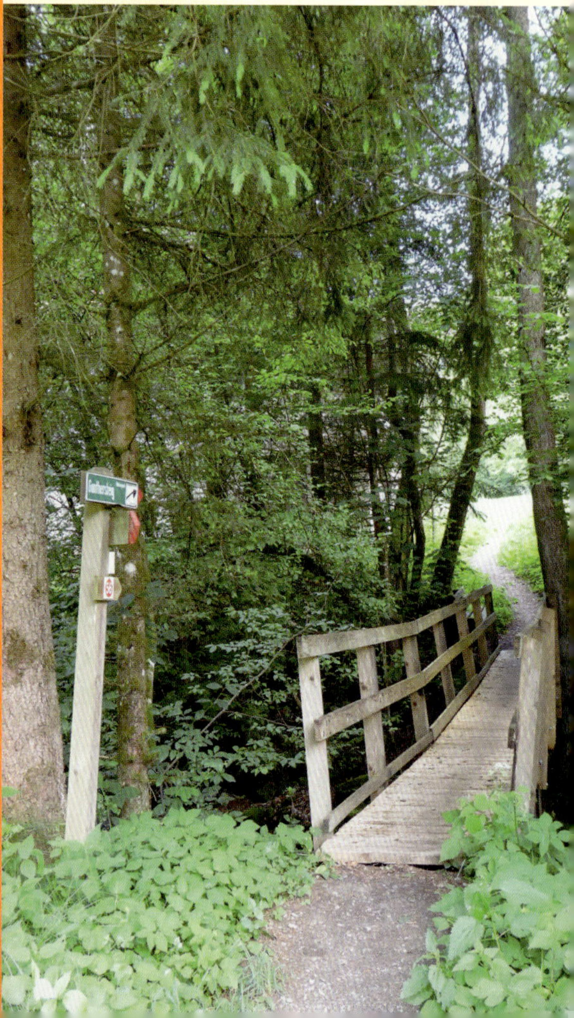

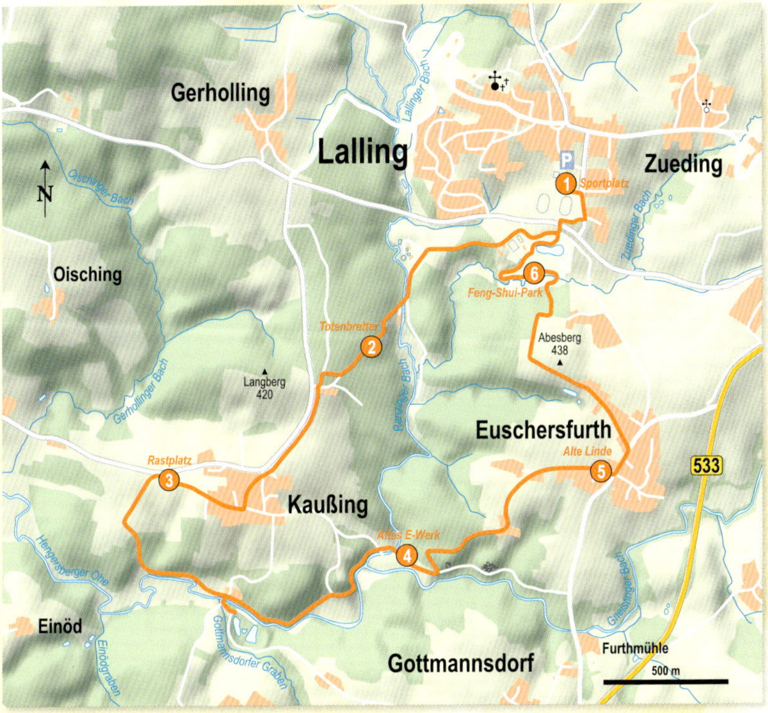

❶ Start / Sportplatz in Lalling
❷ Totenbretter
❸ Rastplatz am Flurbereinigungs-Denkmal
❹ Altes Elektrizitätswerk
❺ Linde (Naturdenkmal)
❻ Feng-Shui-Park

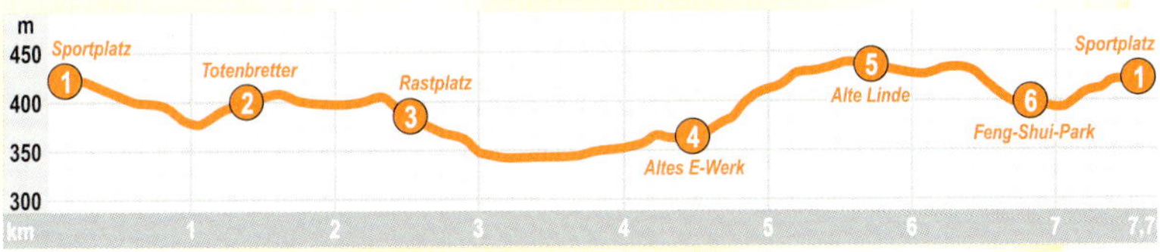

Vom Sportplatz in Lalling ❶ wenden wir uns auf der St.-Gunther-Straße nach rechts. Am Ende des Platzes bringt uns die rote 1 rechts über eine Holzbrücke zum Feng-Shui-Park. Unmittelbar nach der Brücke biegen wir mit der 1 und dem Naturerlebnispfad auf der Straße rechts und dann links in die „Waldstraße“ ab. Im Wald geht es eben an Infotafeln vorbei und zu einem Bach hinab. Rechts über eine Brücke bringt uns der beschauliche Waldweg zu einer Gruppe von Totenbrettern ❷. Später lenkt uns die rote 3 mit dem Hinweis zum Steinbruchsteig links aus dem Wald. Ein aussichtsreicher Pfad führt zwischen Feld und Landstraße nach Kaußing zu einem Rastplatz. Hier verlassen wir die Markierungen und folgen beim Rastplatz der Straße „Bergweg“. Das Sträßlein mündet im Dorf auf eine querende Straße (Bergweg), die rechts ansteigend aus dem Dorf hinausführt. Am Dorfende wartet auf einer Kuppe ein wunderbarer Ausblick auf den 917 Meter hohen Hausstein mit Abflugplatz

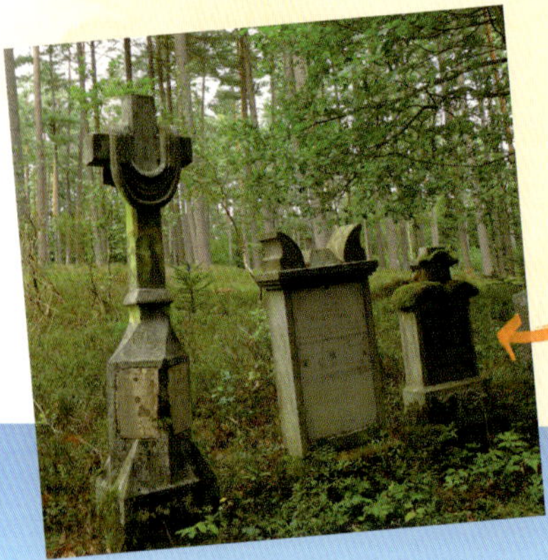

Bei den Totenbrettern

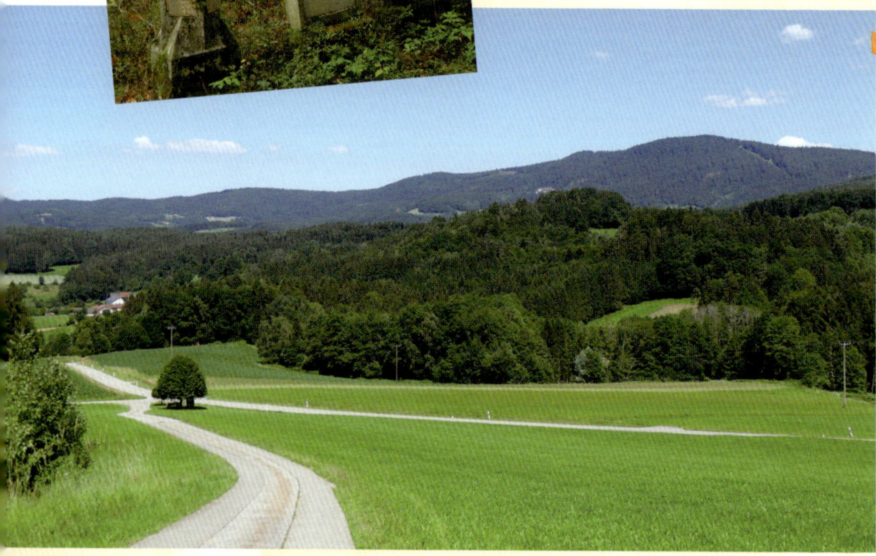

Blick auf den Hausstein

für Gleitschirmflieger. Die kleine Straße führt bergab zu einem Flurbereinigungsdenkmal mit Rastplatz ❸. Ohne Wanderwegmarkierung wenden wir uns nach links, gehen auf dem Weg über Wiesen und Felder zum Wald. Der Weg zieht gemächlich durch den Wald in das Tal der Hengersberger Ohe hinab, wo er zunächst direkt neben dem plätschernden Bach verläuft.

Über Wiesen geht es durch das breite Tal zur Kaußinger Mühle. Vor dieser überspannt rechts eine Brücke den Bach. Hier lohnt sich ein Abstecher zu einem aufgelassenen Steinbruchweiher. Dafür überqueren wir die Brücke und nehmen den linken Weg (rote 56) bergauf. An einer Ruine vorbei sehen wir wenige Meter weiter links des Weges den idyllischen Weiher. Danach geht es wieder zu-

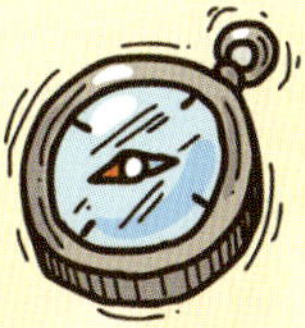

»Das munter über Felsen hüpfende Wasser und die stimmungsvollen Wälder strahlen eine besondere Atmosphäre aus.«

Das Tal der Hengersberger Ohe

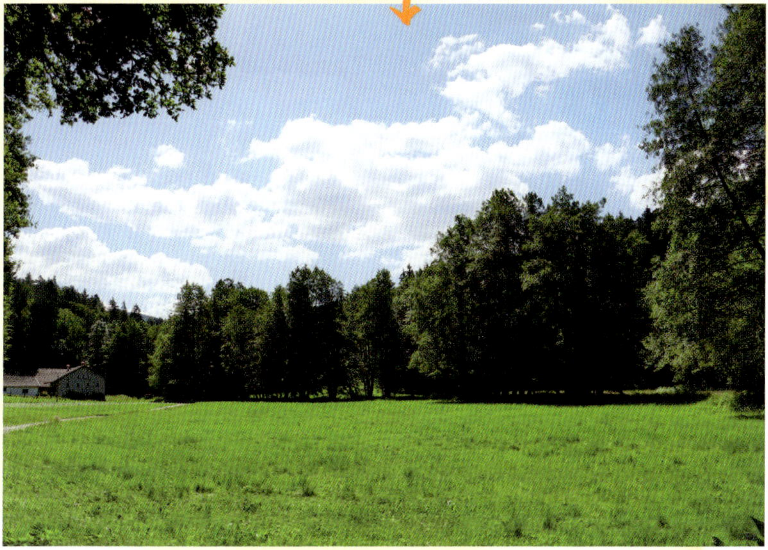

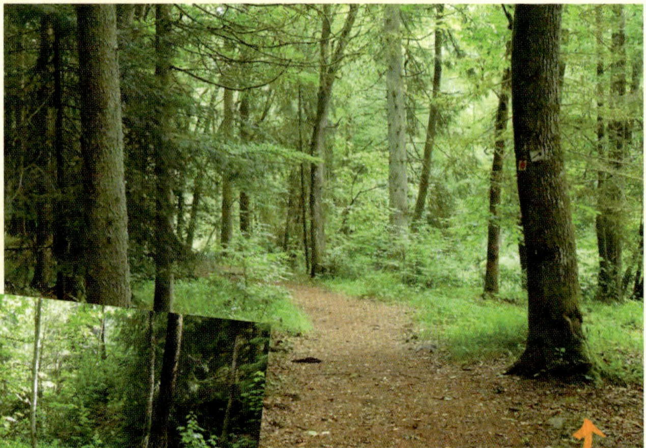

Im romantischen Bachtal

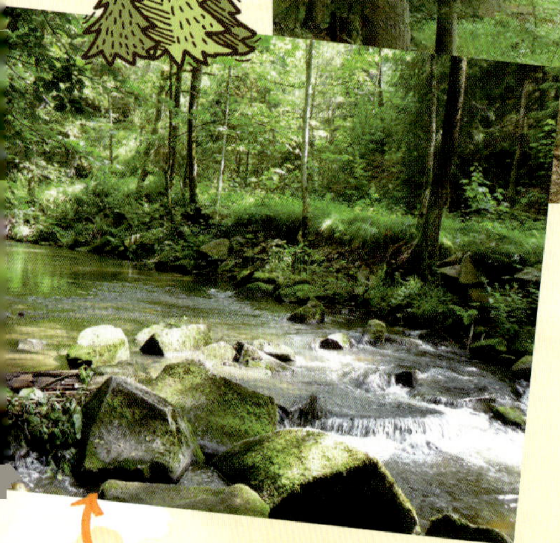

Der rauschende Bach

rück und nach der Brücke mit dem Gunthersteigzeichen rechts. Nach dem Haus tauchen wir gleich wieder rechts in das traumhaft schöne Tal ein. Von nun an folgen wir der roten 3. Sie führt auf weichem Waldweg am Bach entlang und durch stimmungsvollen Mischwald. An einigen Stellen besteht die Möglichkeit, direkt ans Wasser zu gehen, an anderen sieht man Biberspuren. Ein Pfad am Steilhang ist gut mit einem Geländer gesichert. Eine sumpfige Stelle in einer Wiese lässt sich auf Brettern überwinden. Bei einem aufgelassenen Steinbruch bietet sich die Gelegenheit zur Rast am rauschenden Wasser. Mit der richtigen Jahreszeit kann man auf der nächsten Wiese Blumen wie

Klappertopf

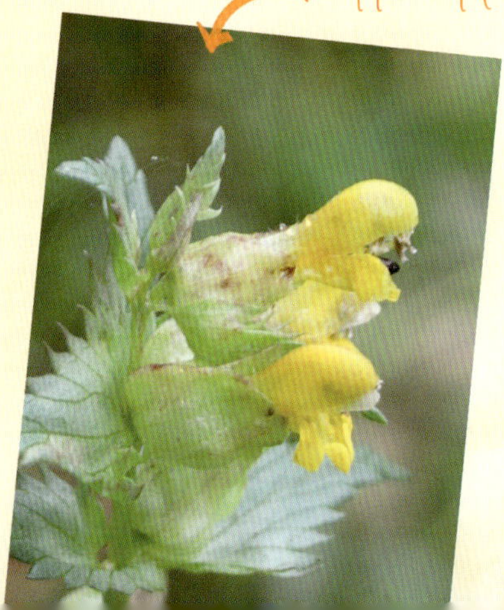

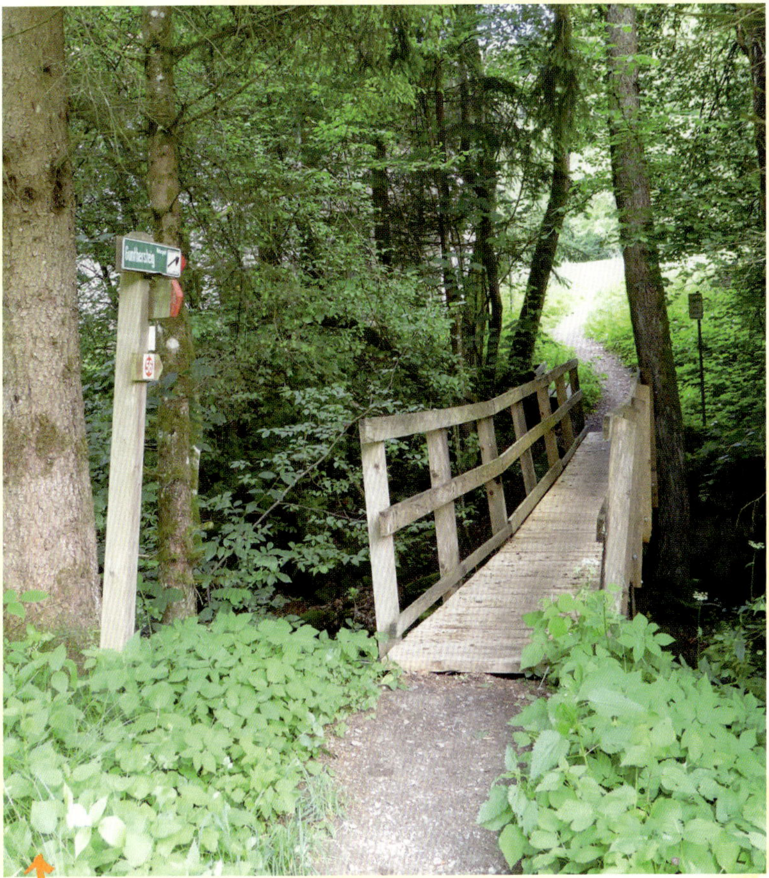

Brücke vor dem alten E-Werk

den Klappertopf sehen. Der Klappertopf ist ein Halbschmarotzer, denn einen Teil seines Nährstoffbedarfs holt er sich von Gräsern. Auf einer schmalen Holzbrücke überqueren wir den Bach und passieren ein altes Elektrizitätswerk ❹. Ein sanft ansteigender Wiesenweg führt wieder in den Wald. Kurz danach zweigt links die 3 nach Lalling ab. Ein leichter Anstieg bringt uns an vermoosten Felsen vorbei. Nach dem Wald geht es an einem einsam gelegenen Haus vorbei. Dessen Zufahrtsstraße führt nach Euschertsfurth zu einer riesigen, uralten Linde ❺. Sie steht gegenüber vom historischen

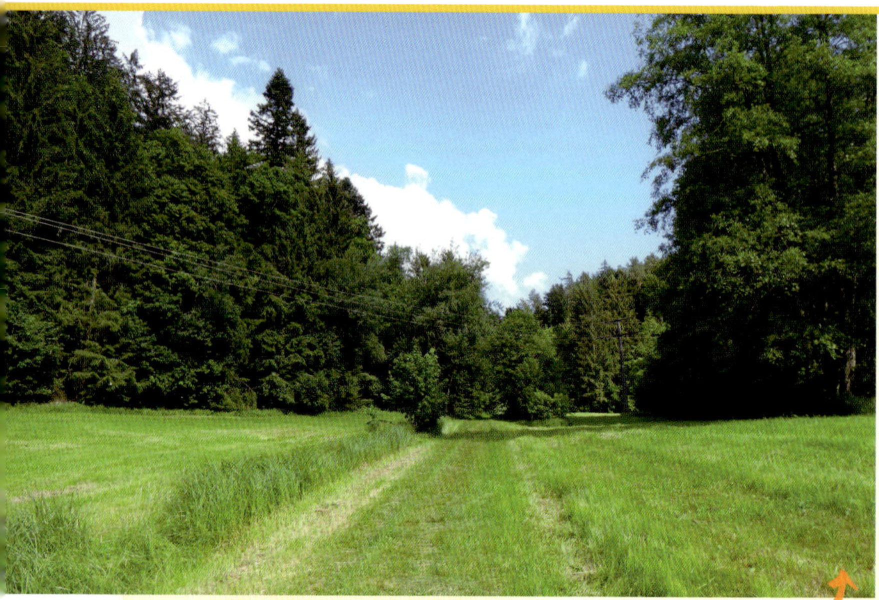

Wiesenweg nach dem alten E-Werk

Blick von Euschertsfurth nach Lalling

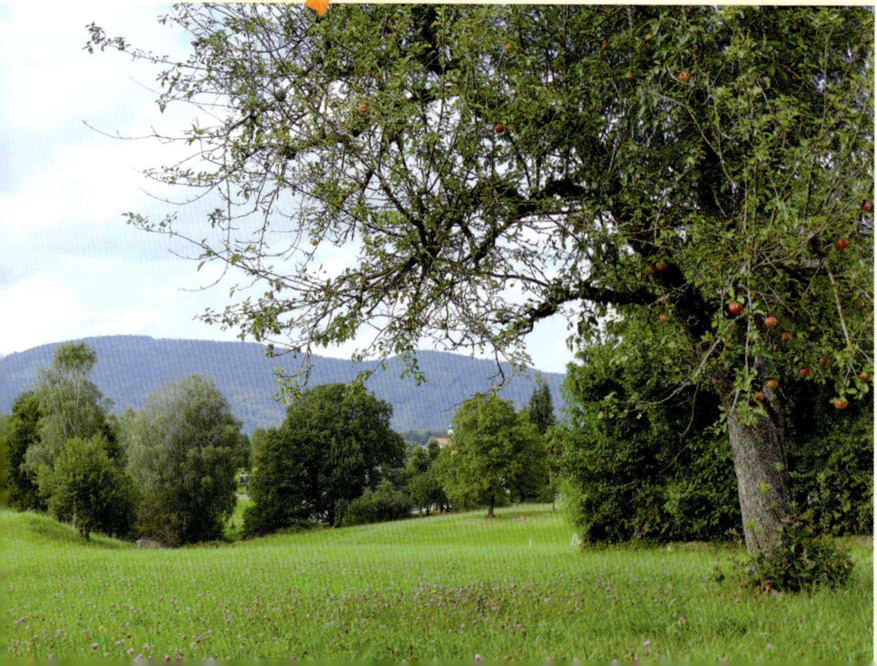

„Wirtshaus zur Linde“. Wir biegen an der Straße mit der roten 3 links ab und an der nächsten Abzweigung gleich wieder links. Über Wiesen und an Pferdekoppeln vorbei geht es später am Waldrand entlang abwärts. Durch den Wald kommen wir am Feng-Shui-Park an ❻. Holzbohlen führen trockenen Fußes durch ein Sumpfgebiet und nun folgen wir links einem der Wege durch den Feng-Shui-Park. Das Zentrum des Parks ist ein Natur-Badeweiher. Oberhalb davon geht es wieder auf die Straße, von der die 3 über die Holzbrücke zum Ausgangspunkt zurückführt.

Essen/Einkehren:

Wirtshaus Zur Linde
Euschertsfurth 25,
94551 Lalling
Tel. 0 99 04/2 95
Öffnungszeiten: Auf Anfrage

Das **Bistro am Feng-Shui-Park** hat wechselnde Pächter.
Bitte informieren Sie sich vor Ort.

Leicht

7,5 km

⇅ 180 m

2 ¼ Std.

Gemütliche Runde bei Grattersdorf

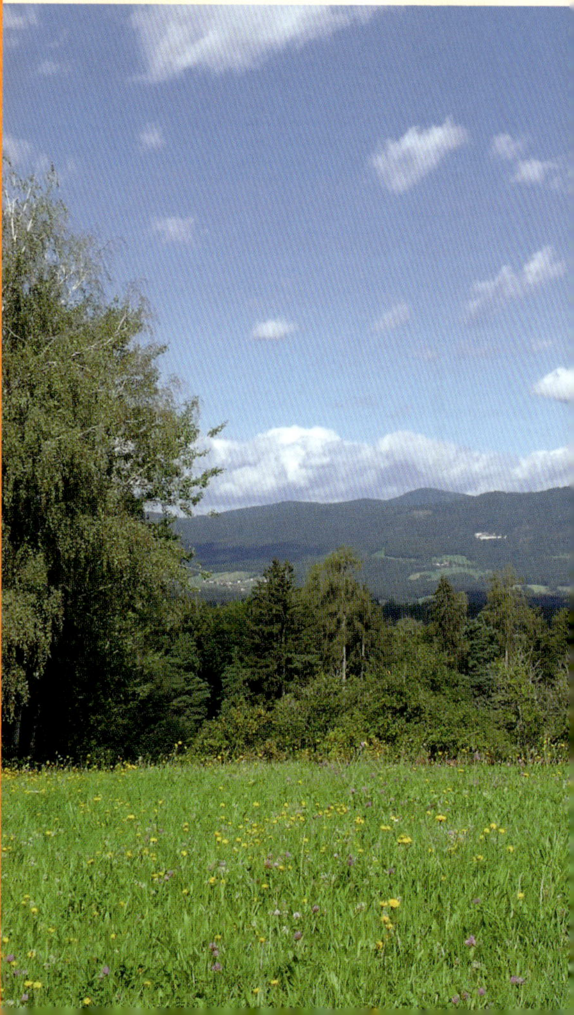

Grattersdorf – Roggersing – Wangering – Friedenberg – Hatzenberg – Grattersdorf

Diese Runde punktet mit tollen Weitblicken, sanft geschwungenen Wiesen und einer Kirche auf einer sonnigen Anhöhe.

Markierung:
rote 57 / rote Nordic-Walking-Runde – ab Roggersing nur rote Nordic-Walking-Runde – nach Wangering rote 57 / rote Nordic-Walking-Runde – ab Hatzenberg schwarze Nordic-Walking-Runde

Parken:
Großer Parkplatz schräg gegenüber der Kirche in Grattersdorf
(Navi: St.-Ägidius-Platz 94541 Grattersdorf)

Tourist-Information:
Auguste-Winkler-Straße 1
94541 Grattersdorf
Telefon 0 99 04 / 3 93

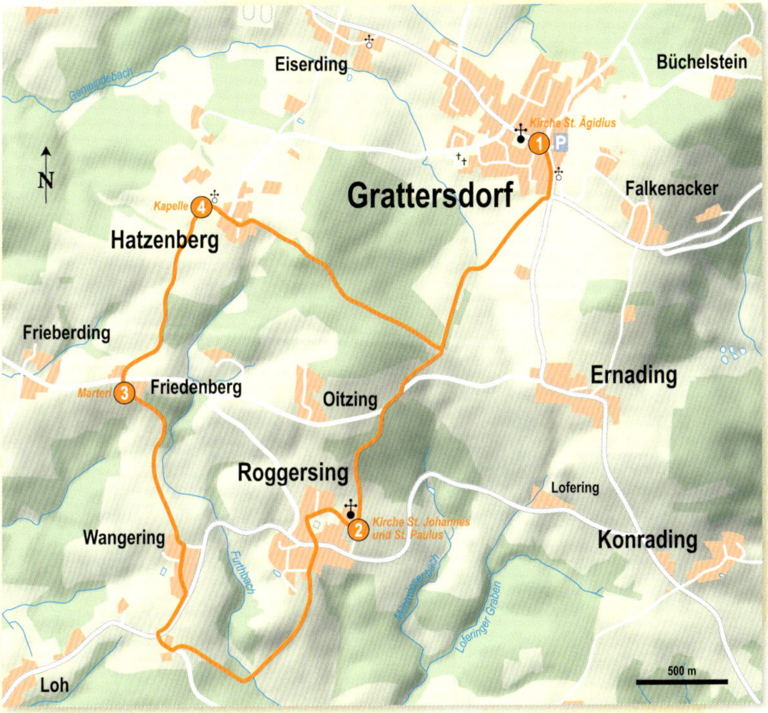

❶ Parkplatz bei Kirche Grattersdorf – Start

❷ Kirche in Roggersing

❸ Marterl in Friedenberg

❹ Kapelle in Hatzenberg

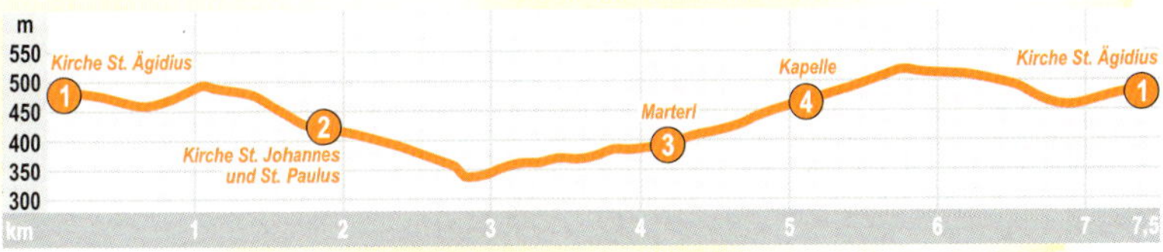

Den Parkplatz in Grattersdorf ❶ im Rücken wenden wir uns auf der Straße nach links. Die Markierungen rote 57 / rote Nordic-Walking-Strecke (zukünftig im Text mit „NW“ abgekürzt), führen uns auf der Straße „Obere Hofmark“ aus dem Dorf hinaus.

Nach dem letzten Haus auf der rechten Seite zweigt der Weg rechts auf einen beinahe ebenen Feld- und Wiesenweg ab. Dann steigt er durch ein kleines Waldstück an und führt auf eine aussichtsreiche Kuppe mit Rastbank. Hier erwartet uns ein schöner Blick über die Donauebene.

Nun lenkt uns ein Wiesenweg schräg rechts abwärts, an einem Feldgehölz und an idyllischen Weiden entlang. Schließlich treffen wir auf eine kleine Landstraße, folgen dieser rechts.

»Bei entsprechendem Wetter sieht man sogar die Alpen.«

Nach wenigen Metern zweigt der Wanderweg in den Wald ab. Durch Mischwald mit vielen Buchen und einigen Eichen geht es abwärts. Wir treten aus dem Wald hinaus und genießen den herrlichen Blick auf die Kirche von Roggersing mit dazugehörigem Obstgarten. Das Dorf Roggersing wurde bereits im Jahr 903 urkundlich erwähnt. Vor langer Zeit war es ein bedeutender Wallfahrtsort, denn in

Blick nach Süden: Bei entsprechendem Wetter sieht man sogar die Alpen

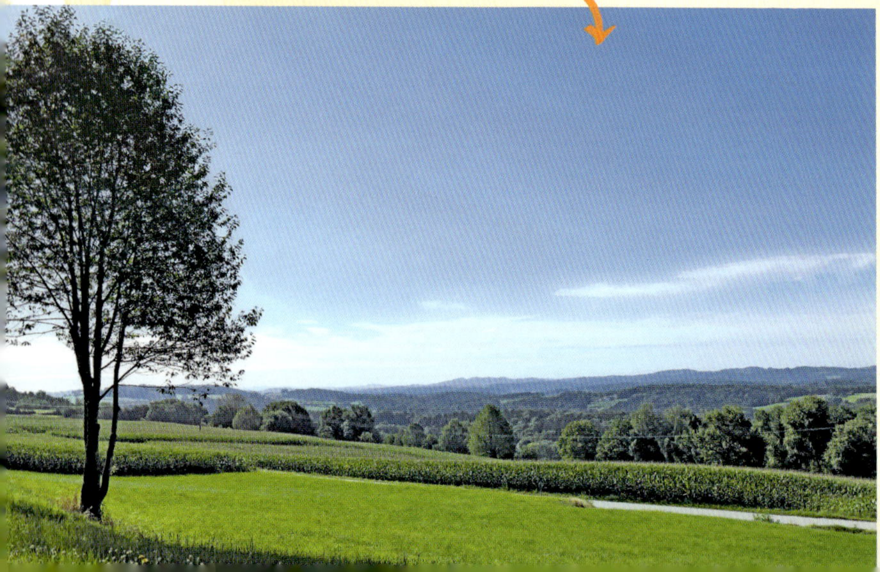

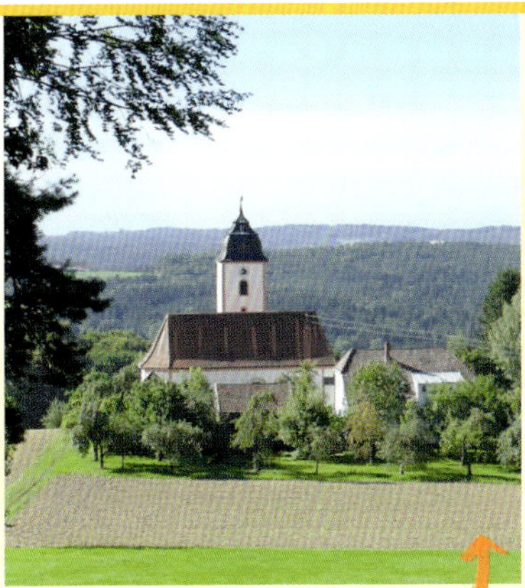

Kirche von Roggersing

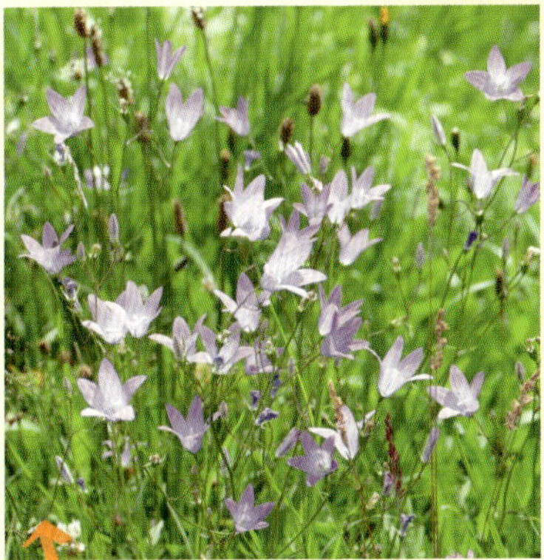

Glockenblumen

der Nähe soll heilendes Brunnenwasser gesprudelt sein. Bei der Kirche ❷ geht es an der Friedhofsmauer entlang. Eine Bank lädt zur Rast auf der sonnigen Anhöhe ein.

Weiter an der Friedhofsmauer entlang überqueren wir den kleinen Parkplatz vor der Kirche. Auf der Zufahrtsstraße (Kirchweg) geht es bergab. Kurz danach halten wir uns an der T-Kreuzung links, gehen ins Dorf hinein. An einem alten Bauernhaus vorbei überqueren wir die Hauptstraße, gehen geradeaus auf dem „Auweg“ mit der roten NW-Markierung abwärts. Kurz danach verlassen wir das Dorf und blicken auf sanft geschwungene Hügel. Über Wiesen- und Feldwege kommen wir im Frühling an einem Meer von Glockenblumen, Margeriten und Prachtnelken vorbei. So eine Wildblumenpracht sieht man heutzutage nur mehr selten.

Der Weg bringt uns in ein kleines Tal mit einem leise plätschernden Bach. Giersch und Brennnesseln zeigen stickstoffhaltigen Boden an. Wir überqueren den Bach und folgen dem Weg rechts, der durch ein Gebiet führt, das an einen Auwald erinnert.

Wieder ansteigend lotst uns ein grasiger Weg zwischen Waldrand und beschaulichen Kuhweiden allmählich bergauf. Schließlich erreichen wir bei einem Haus eine Straße, auf der wir rechts gehen. Wenige Meter weiter biegen wir noch einmal rechts auf eine kleine, fast ebene Landstraße ab.

Nach ungefähr 200 Metern zweigt gleich am Anfang von Wangering bei der Bushaltestelle

Ländliche Idylle

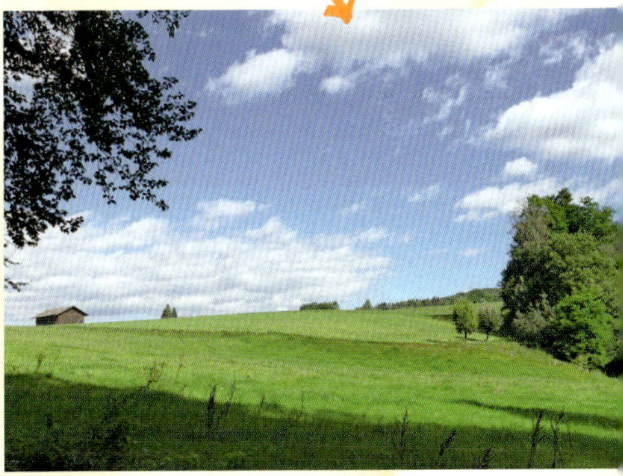

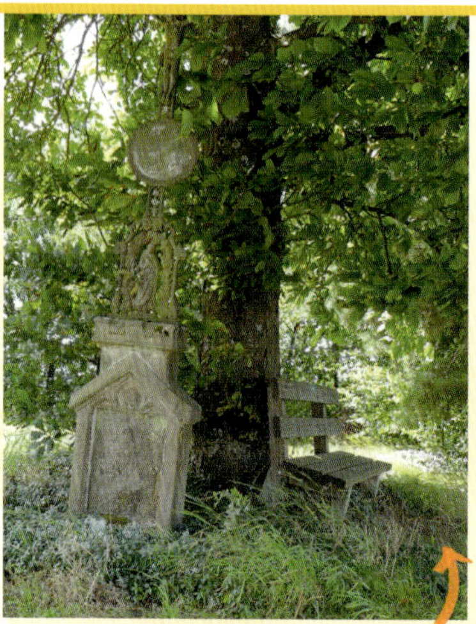

Marterl bei Friedenberg

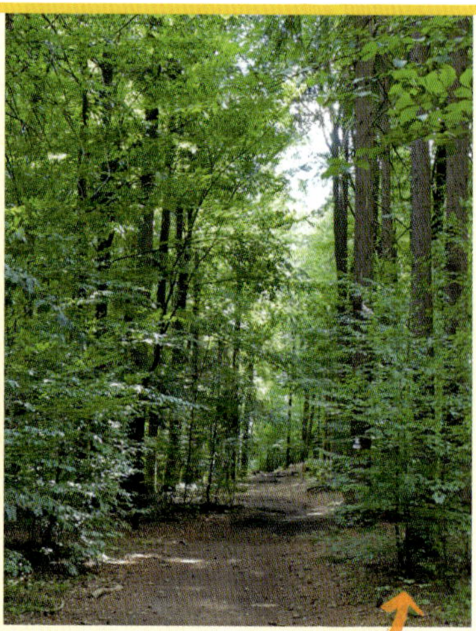

Bequemer Waldweg

die rote NW-Markierung links ab. Vorbei an einem Biobauernhof und weiteren Häusern treffen wir nach dem letzten Haus links auf einen ansteigenden, tief eingeschnittenen Hohlweg. Jetzt taucht auch wieder die rote 57 auf.

Kurze Zeit später geht der Hohlweg in einen Wiesenweg mit schönem Blick auf weite Wiesen, Felder und kleine Wäldchen über.

Kapelle in Hatzenberg

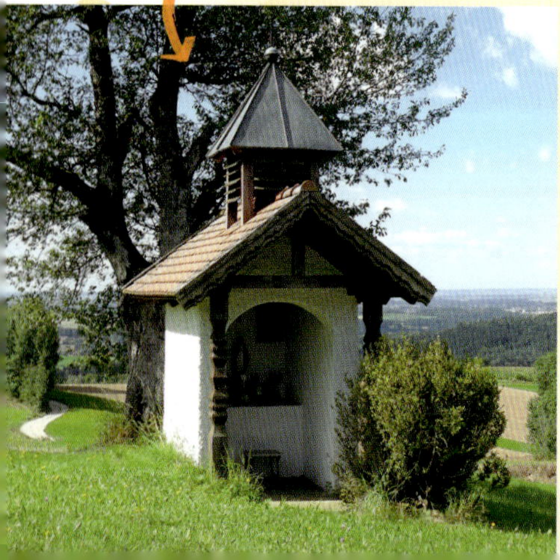

Mächtige Eichen und Buchen stehen am Wegrand. Der Weg schlängelt sich aussichtsreich sanft aufwärts.

Es lohnt sich, sich für den schönen Ausblick immer wieder umzudrehen. Auf einer der Wiesen wächst ungewöhnlich viel Hirtentäschel, ein Ackerbegleitkraut, dessen Samenstände kleinen, herzförmigen Taschen ähneln.

Bei Friedenberg laden ein Wegmarterl und eine Sitzbank ❸ zum Verschnaufen ein. Hier überqueren wir geradeaus die Landstraße. Noch einmal geht es über Wiesen und an Feldgehölzen entlang sanft nach oben. Schließlich sind wir an der Kapelle von Hatzenberg ❹, wo wir rechts weitergehen. Drehen wir uns hier um, sehen wir rechts von der Kapelle in der Ferne die Doppeltürme der Basilika von Niederalteich. In nordwestlicher Richtung fällt der Blick auf Königstein, Rusel und Dattinger Berg.

Ein paar Meter weiter kommen wir an eine Kurve. Hier folgen wir geradeaus der schwar-

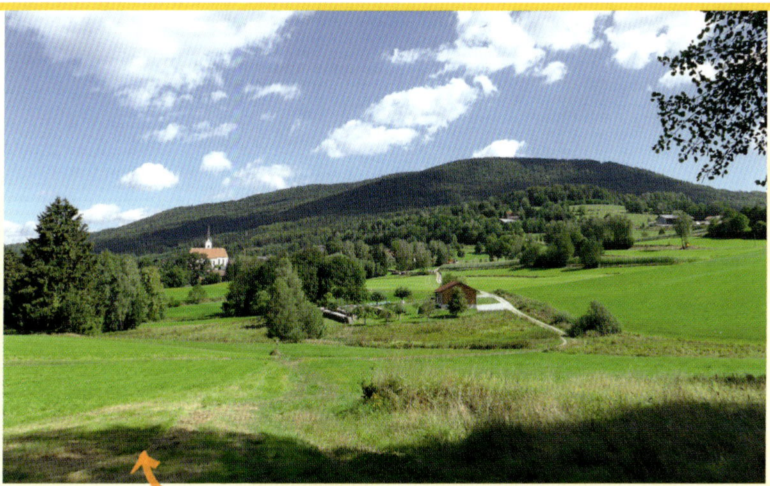

Blick auf Grattersdorf und den Büchelstein

zen Nordic-Walking-Markierung. Es sieht aus, als ob man direkt in das Grundstück eines Hauses laufen würde. Aber vorher macht die Straße eine Linkskurve und führt um das Haus herum.

Wir steuern auf den Waldrand zu, genießen noch einmal einen herrlichen Tiefblick über abschüssige Wiesen und Wälder. An einem Gebäude der Wasserversorgung vorbei tauchen wir auf einem etwas steiler ansteigenden Waldwirtschaftsweg in Mischwald ein. Bald geht der Weg in eine Art Hochebene über. Wir orientieren uns immer an dem geradeaus führenden Weg, der mit dem schwarzen NW-Zeichen markiert ist.

Das Laub der Buchen raschelt leise im Wind und Vögel zwitschern. Schließlich treffen wir wieder auf die Kuppe mit dem Ausblick, den wir vom Beginn der Tour kennen.

Wir wenden uns nach links, wandern auf bekanntem Weg mit der 57 und den NW-Markierungen zurück. Dabei freuen wir uns über den herrlichen Blick auf Grattersdorf und den 831 Meter hohen Büchelstein. An der Straße spazieren wir links in das Dorf zurück und treffen wieder am Ausgangspunkt ein.

Essen/Einkehren:

Gasthof Büchelsteiner Hof
St.-Ägidius-Platz 2, 94541 Grattersdorf
Telefon 0 99 04 / 9 17
Öffnungszeiten:
Do - Sa 17.30 - 23.00 Uhr,
So 10.00 - 14.30 und 17.30 - 21.00 Uhr

Gasthaus Lohner
St.-Ägidius-Platz 1, 94541 Grattersdorf
Telefon 0 99 04 / 8 11 41 82
Öffnungszeiten:
Mo 11.00 - 14.00 Uhr, Do - Fr 11.00 - 14.00 Uhr und ab 17.00 Uhr, Sa ab 17.00 Uhr, So 11.00 - 14.00 Uhr und 17.00 - 21.30 Uhr

Der Büchelstein

Wo Drachen fliegen

Mittel

6,9 km

↓↑ 353 m

2½ Std.

Grattersdorf – Kleiner und Großer Büchelstein – Kerschbaum – Kapelle Rastbuche – Grattersdorf

Kurz und knackig sind die Anstiege auf den kleinen und großen Büchelstein. Als Belohnung winken herrliche Weitblicke.

Markierung:
Rote 54 und unmarkierte Abschnitte im Wechsel, teilweise auf alten Wanderwegen.

Parken:
Großer Parkplatz schräg gegenüber der Kirche in Grattersdorf (Navi: St.-Ägidius-Platz, 94541 Grattersdorf)

Tourist-Information:
Auguste-Winkler-Str. 1,
94541 Grattersdorf
Tel.: 09904/393

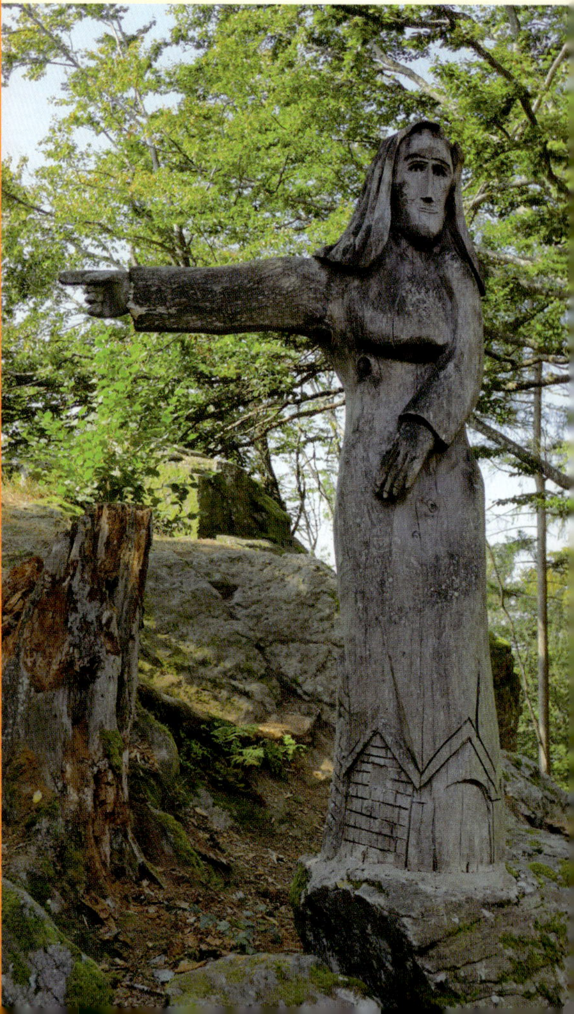

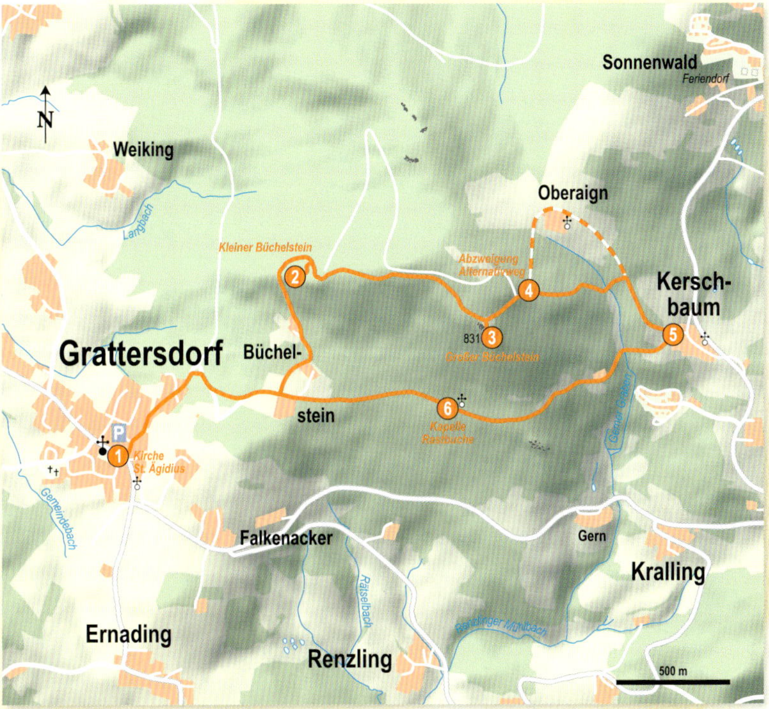

❶ Start Parkplatz Grattersdorf
❷ Kleiner Büchelstein
❸ Großer Büchelstein
❹ Abzweigung Alternativweg
❺ Kerschbaum
❻ Kapelle Rastbuche

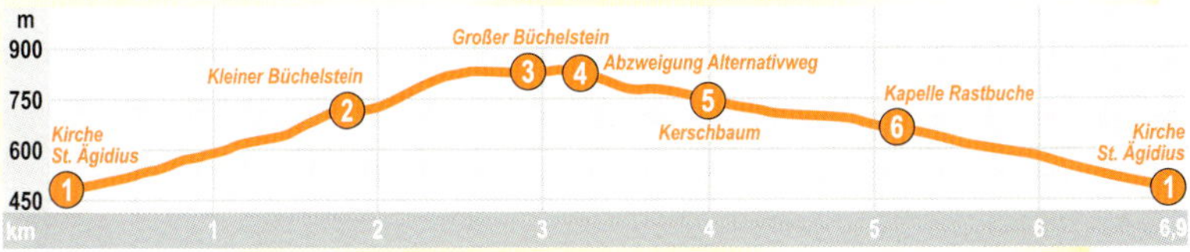

Wir gehen am hinteren Ende des Parkplatzes ❶ neben der Naturpark-Infotafel nach oben und dann gleich rechts zur Straße. Hier biegen wir links auf die ansteigende Straße ab, die uns aus dem Dorf hinaus bringt. Die Markierung ist die rote 54, die in diesem Abschnitt nicht zu sehen ist. Nach dem letzten Haus auf der linken Seite lässt sich die Straße abkürzen. Gegenüber dem Ortsschild zweigt rechts ein unmarkierter Weg in den Wald ab. Dieser führt schräg rechts bergauf und trifft kurz darauf wieder auf die Straße, wo wir rechts gehen. Nach etwa 30 Metern, gegenüber einem Holzlagerplatz und kurz bevor das Schild „Löschwasser" auf der rechten Seite steht, biegen wir auf der linken Seite in den im spitzen Winkel aufwärts führenden Waldweg ab. Wieder an der Straße gelangen wir links über eine große Lichtung zum Ort Büchelstein. Vor dem ersten Haus zweigt die rote 54 links zum großen und kleinen Büchelstein ab.

Weg zum Kleinen Büchelstein

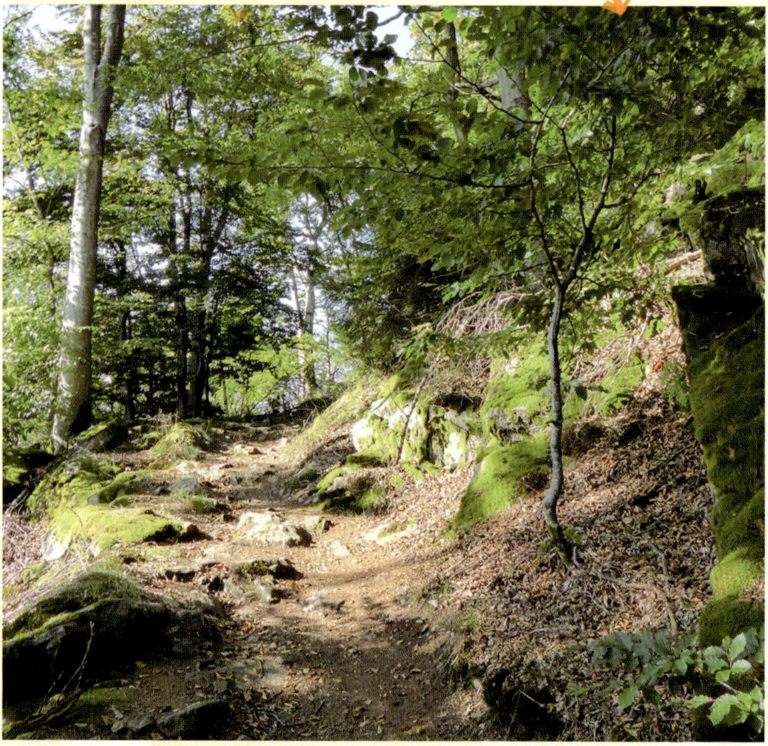

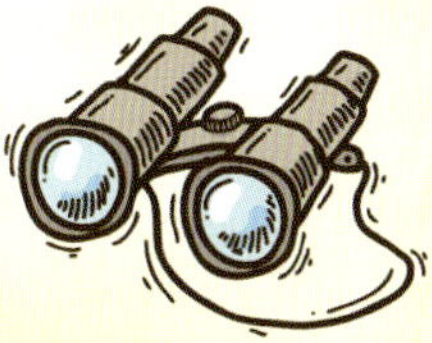

»Der Blick vom Kleinen Büchelstein ist sagenhaft!«

Der Weg lenkt uns zu Häusern mitten im Wald. Vor diesen zweigt der Weg rechts ansteigend ab. Dann biegt er gleich links ab und führt oberhalb der Gebäude entlang. Der von Felsen gesäumte Steig leitet durch herrlichen Mischwald und wird steiler. Später lotst ein markierter Stichweg rechts zum Kleinen Büchelstein ❷ mit einem tollen Blick auf Grattersdorf und die Donauebene. Wieder zurück geht es rechts mit der 54 weiter bergauf. Kurz danach gelangen wir an

Blick vom Kleinen Büchelstein

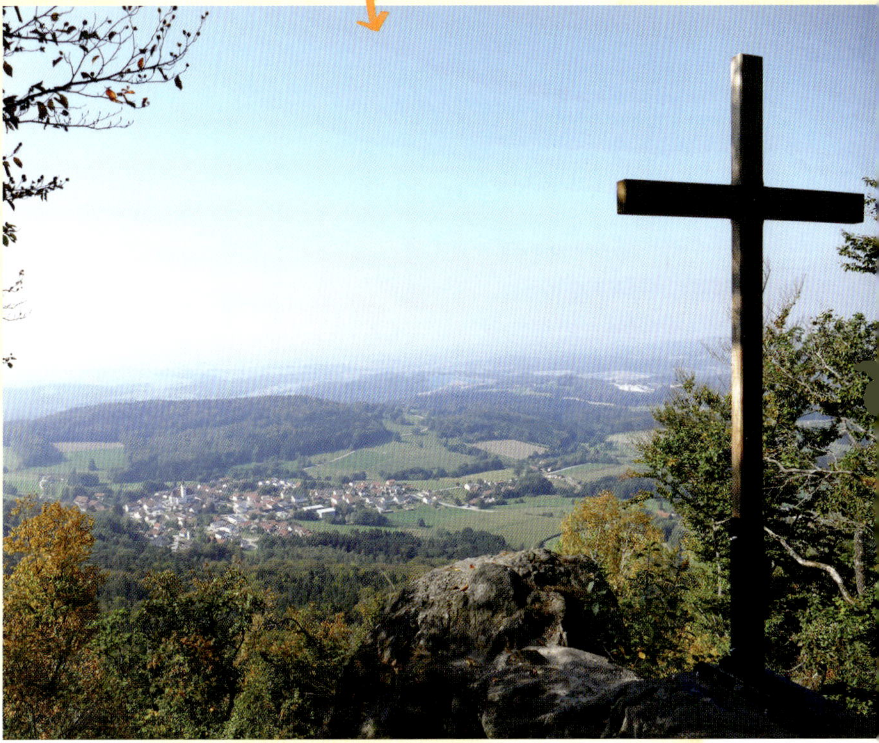

den Wendeplatz einer Forststraße. Auf diese zweigt die 54 ab. Ein großer Felsen markiert das Ende der Forststraße. Wir folgen aber dem alten Wanderweg. Dafür gehen wir in der Verlängerung unseres Weges geradeaus am Felsen vorbei und auf dem Trampelpfad steil bergauf. Schließlich treffen wir weit oben wieder auf die 54. Sie leitet rechts auf einem schönen Weg eben weiter. An einem Biotopbaum vorbei erreichen wir den Großen Büchelstein ❸, der als bedeutendes Geotop gelistet ist. Seine Plattform ist leicht zu erklimmen. Der Sage nach soll hier einmal im Jahr ein garstiges Burgfräulein aus den Tiefen des Büchelsteins emporsteigen! Und bei passendem Wetter steigen sogar Drachen in die Lüfte! Das ist aber eine irdische Angelegenheit. Das Holzgestell ist die Startrampe der Drachenflieger. Wir setzen unsere Wanderung rechts mit der 54 Richtung Kerschbaum fort. Der ebene Weg mündet in eine Teerstraße. Wer will, kann bequem mit der 54 auf der Straße ❹ nach

Burgfräulein

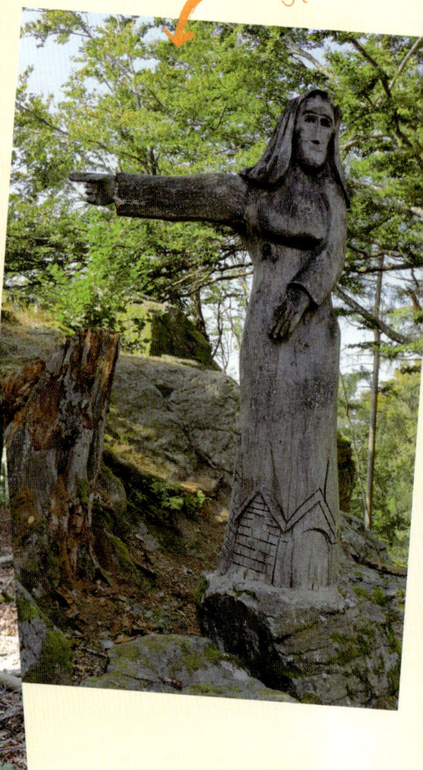

Biotopbaum

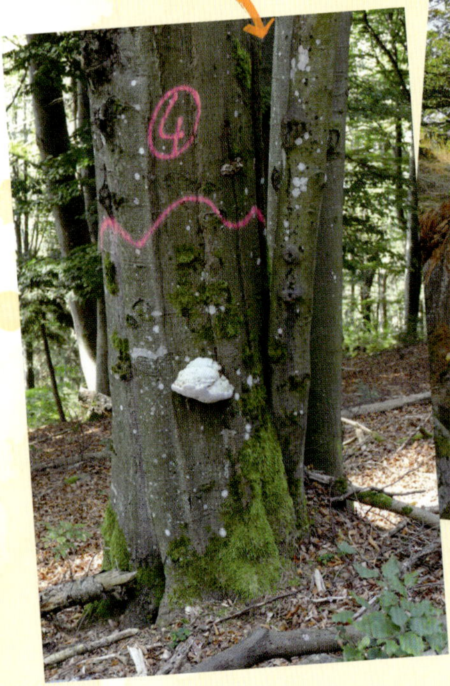

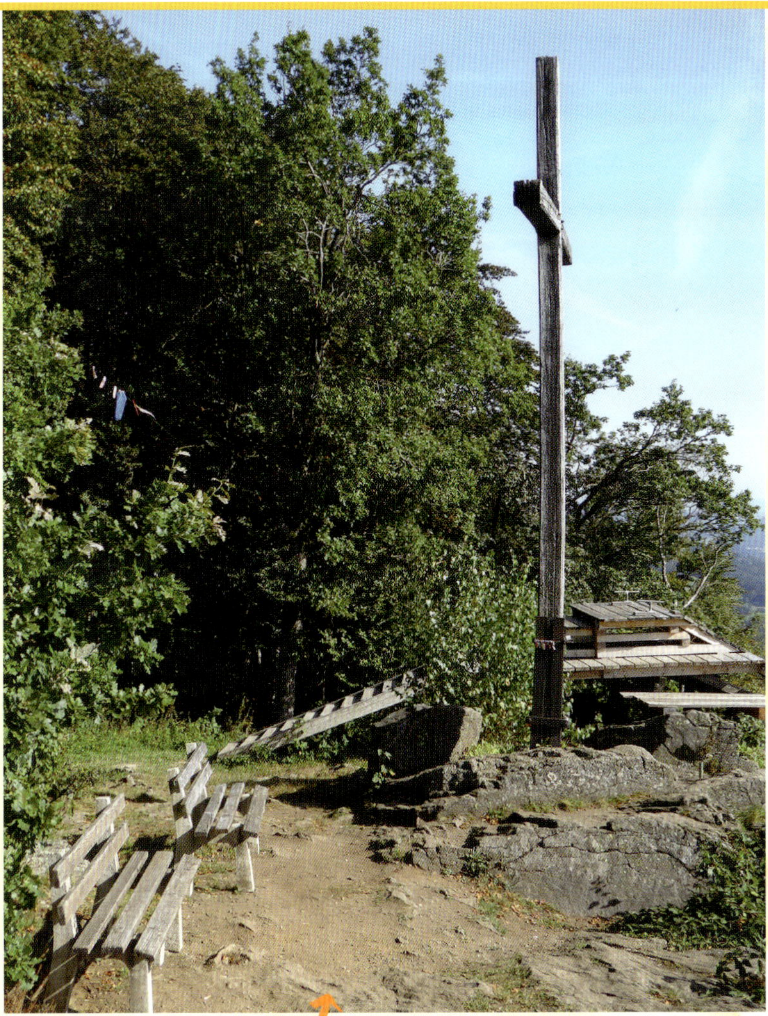

Wo Drachen starten

Kerschbaum schlendern. Reizvoller ist der alte Wanderweg. Dort, wo der Teer beginnt, gehen wir geradeaus wenige Schritte zur rechten, hinteren Ecke des Holzlagerplatzes. Dann die kleine Böschung hinab und an deren Fuß geradeaus weiter, nicht dem Weg scharf rechts folgen. Kurvig bringt uns der Weg und spätere Trampelpfad in eine Senke. Rechter Hand ist eine Lichtung. Links davon ist ein ebener und langsam zuwachsender Weg, auf dem wir weitergehen. Nach wenigen Metern macht er eine Rechtskurve und quert eine sumpfige Stelle. Danach geht er in einen ansteigenden Waldweg über, der zur Straße führt. Auf der Straße wenden wir uns nach rechts, verlassen den Wald, halten auf Kerschbaum zu ❺. Dabei schauen wir links auf den Brotjacklriegel und rechts über die Donauebene. Vor dem ersten Haus biegt die 54 rechts zur Rastbuche und nach Grattersdorf ab. Ein befestigter Wiesenweg führt abwärts in den Wald, ist ein kurzes Stück als Zufahrt zu einem Haus geteert. An zwei Lichtungen vorbei geht es im Wald sehr entspannt zur Kapelle Rastbuche ❻. Der Legende nach sieht man in der Kapelle die Knieabdrücke von Jesus. Nun begleitet uns ein Kreuzweg nach Büchelstein. Dort folgen wir der Straße geradeaus auf dem bekannten Hinweg. Wo auf der linken Straßenseite der Wald beginnt, ist rechts die Abkürzung über den Waldweg nach unten. Dann bringt uns die Straße hinab nach Grattersdorf.

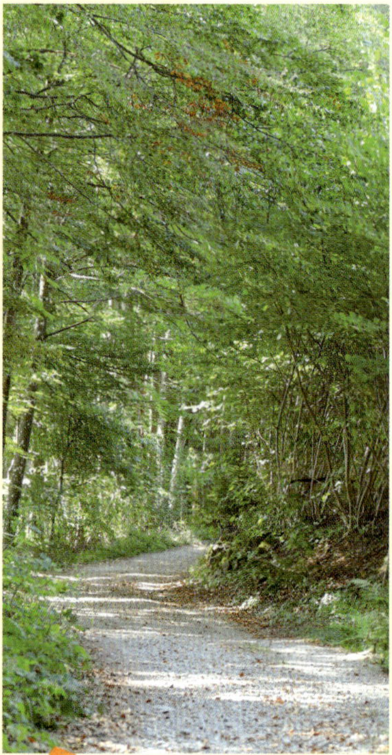

Bequemer Rückweg

Ausblick bei Kerschbaum

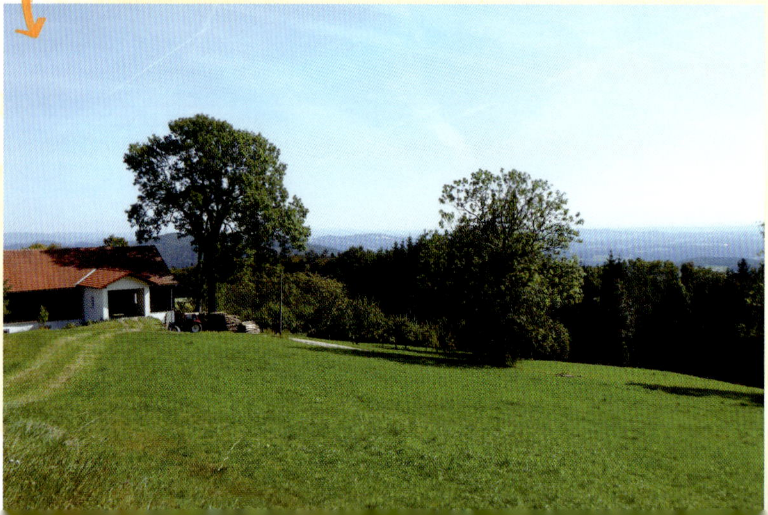

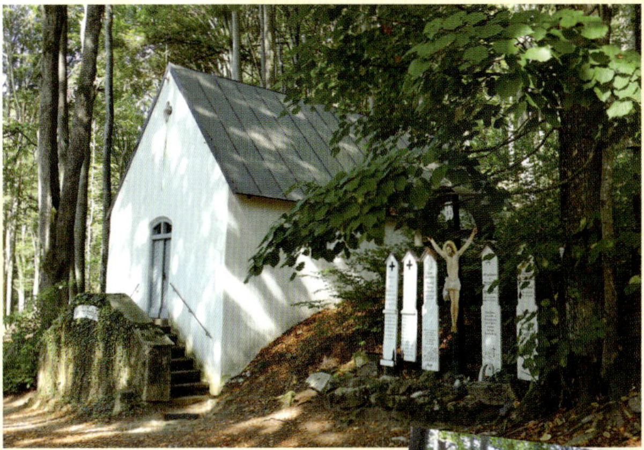

Kapelle Rastbuche

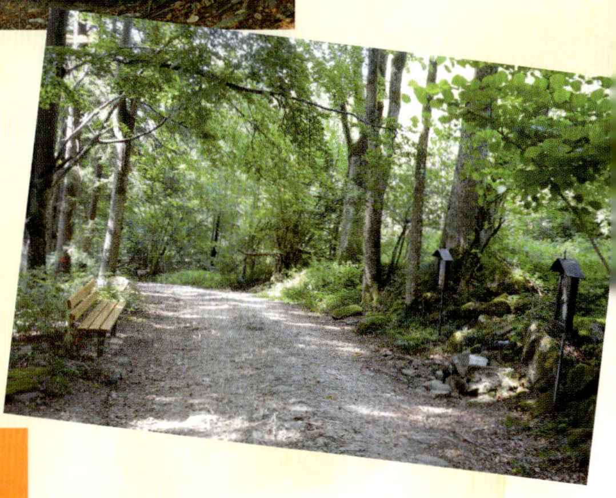

Am Kreuzweg

Essen/Einkehren:

Gasthof Zum Büchelstein
Kerschbaum 29,
94541 Grattersdorf-Kerschbaum
Telefon: 0 99 04/2 24
Öffnungszeiten: Auf Anfrage

Gasthof Büchelsteiner Hof
St.-Ägidius-Platz 2, 94541 Grattersdorf
Telefon: 0 99 04/9 17
Öffnungszeiten:
Donnerstag - Samstag 17:30 - 23:00 Uhr
Sonntag 10:00 - 14:30 und
17:30 - 21:00 Uhr

Gasthaus Lohner
St.-Ägidius-Platz 1, 94541 Grattersdorf
Telefon: 0 99 04/8 11 41 82
Öffnungszeiten:
Montag 11:00 - 14:00 Uhr
Donnerstag, Freitag, Sonntag 11:00 - 14:00 Uhr und ab 17:00 Uhr
Samstag ab 17:00 Uhr

Wandern mit Weitblick:

Die Steinberg-runde

Leicht

6,6 km

↓↑ 181 m

2 Std.

Langfurth – Liebmannsberg – Kerschbaum – Oberaign – Langfurth

Mit großartigen Weitblicken führt die kurzweilige Runde in die naturnahen Laub- und Mischwälder des Gramlet- und Hochwaldes, dem Streifgebiet vom Luchs. Wer will, macht einen einfachen Abstecher zum Büchelstein.

Markierung:
Die Runde ist komplett mit der roten 15 markiert.

Parken:
Langfurth, Parkplatz bei der Feuerwehr (Navi: Langfurth 58, 94572 Schöfweg)

Tourist-Information:
Rachelstraße 1
94572 Schöfweg
Tel. 0 99 08 / 2 79

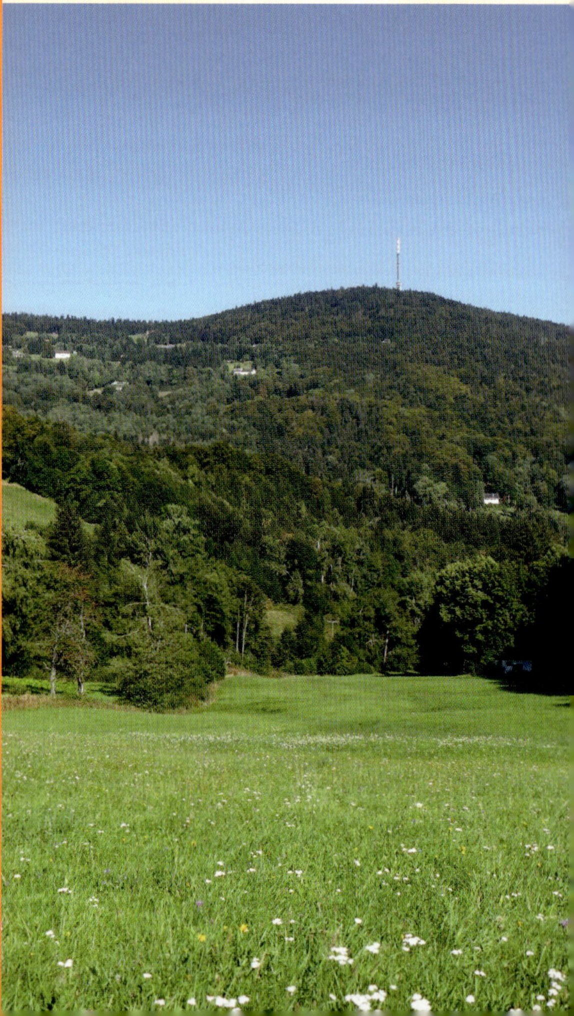

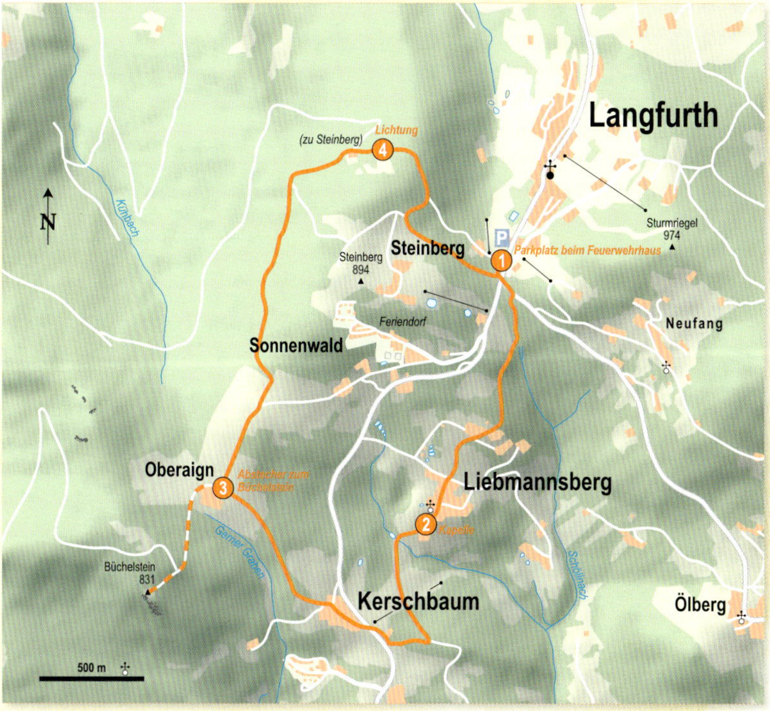

❶ Start Langfurth / Parkplatz Feuerwehr

❷ Kapelle in Liebmannsberg

❸ Abzweigung zum Büchelstein

❹ Einsame Lichtung

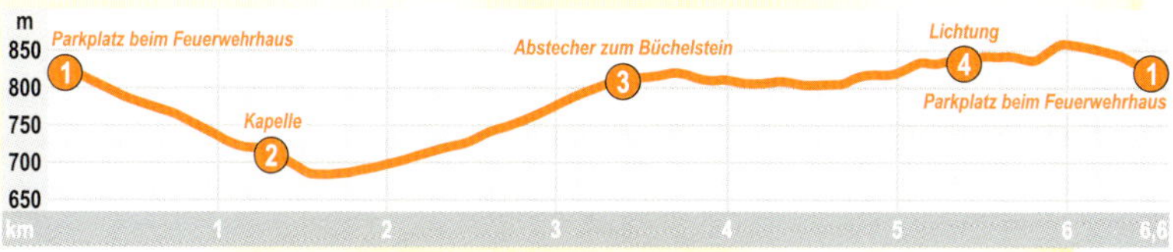

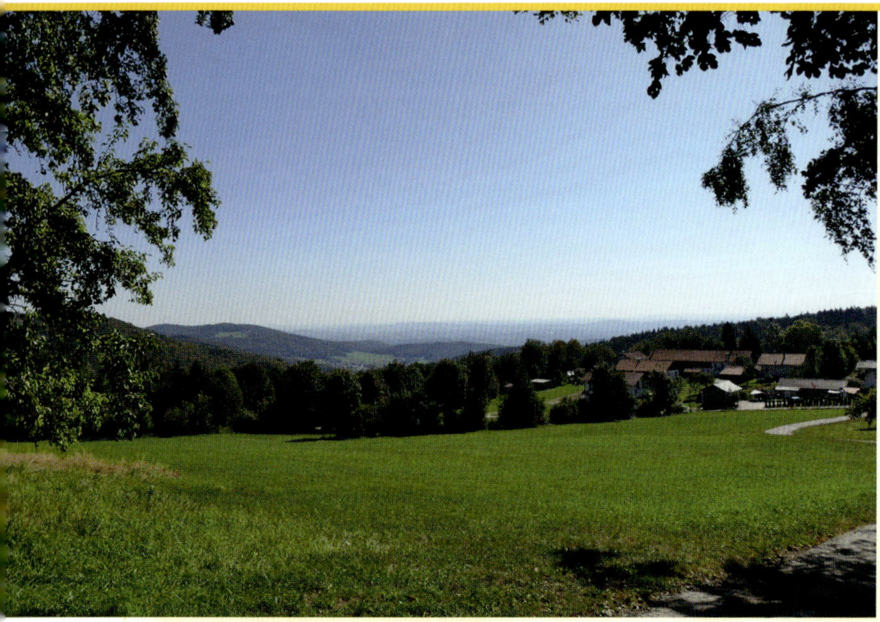

Fantastischer Weitblick in Liebmannsberg

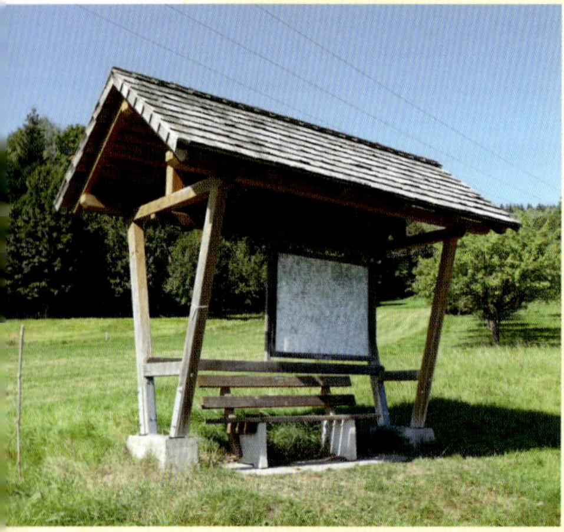

Aussichtsreicher Rastplatz

In Langfurth gehen wir vom Parkplatz beim Feuerwehrhaus ❶ zur Straßenkreuzung. In südöstlicher Richtung lenkt uns die rote 15 „Steinbergrunde 7 km“ geradeaus über die Kreuzung. Nach etwa 50 Metern zweigen von der Straße die 15 und ein Turmwegzeichen nach rechts in den Wald ab. Leicht abwärts geht es durch schönen, abwechslungsreichen Mischwald. Bei den ersten Häusern von Liebmannsberg verlassen wir den Wald und freuen uns über die großartige Fernsicht.

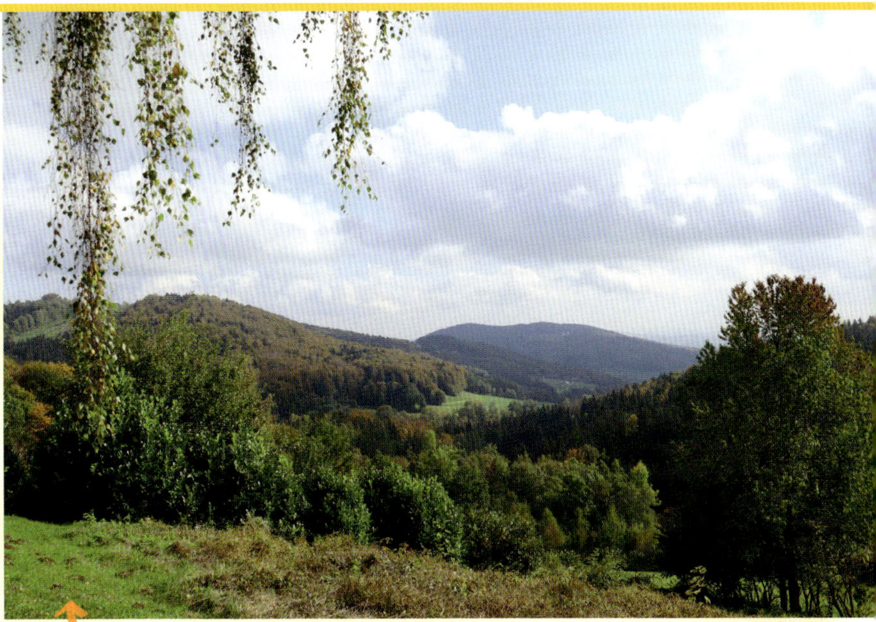

Aussicht zwischen Liebmannsberg und Kerschbaum

Nach Obstbäumen und einem Rastplatz mit Wanderkarte treffen wir im eigentlichen Ort auf eine weitere Straße. Hier ist die Markierung für die 15 über dem grünen Ortsschild befestigt. (Man kann sich auch am Turmwegzeichen orientieren). Beim Buswartehäuschen die Straße leicht rechts versetzt kreuzen und durch das ruhige Dorf marschieren. In einer scharfen Linkskurve gerade aus halten, dann an einer Kapelle ❷ vorbei mit Tief- und Weitblicken abwärts in eine Senke.

Wiese bei Kerschbaum

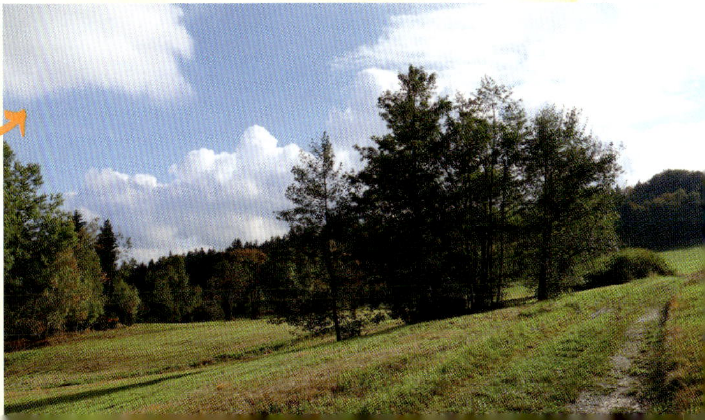

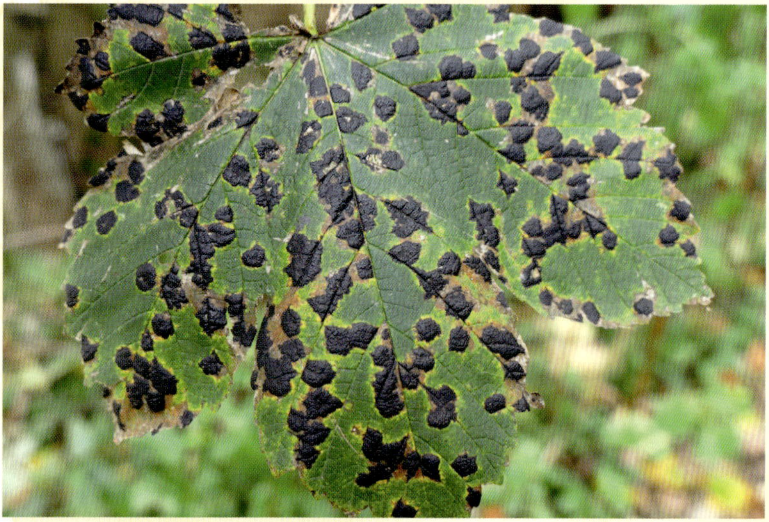

Ahornrunzelschorf

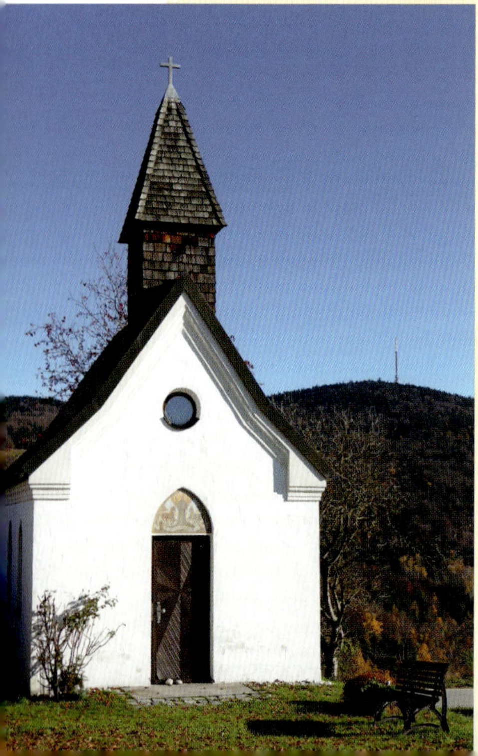

Der Weg führt über einen Bach auf eine Wiese mit faszinierender Sicht auf den Brotjacklriegel und die steilen Hänge um Liebmannsberg. Bevor wir in den Wald eintauchen, drehen wir uns für eine andere schöne Perspektive noch einmal um. Im Wald geht es gemütlich weiter. An den Blättern von Ahornbäumen ist Ahornrunzelschorf zu sehen. Früher ging man davon aus, dass dieser Pilz nur dort wachse, wo die Luft besonders sauber sei. Die 15 folgt einer scharfen Rechtskurve. Wieder aus dem Wald beim Skilift geradeaus über den Parkplatz gehen. An der Straße zeigt die 15 zur Zeit der Recherche irreführend auf der Straße nach

Kapelle in Kerschbaum

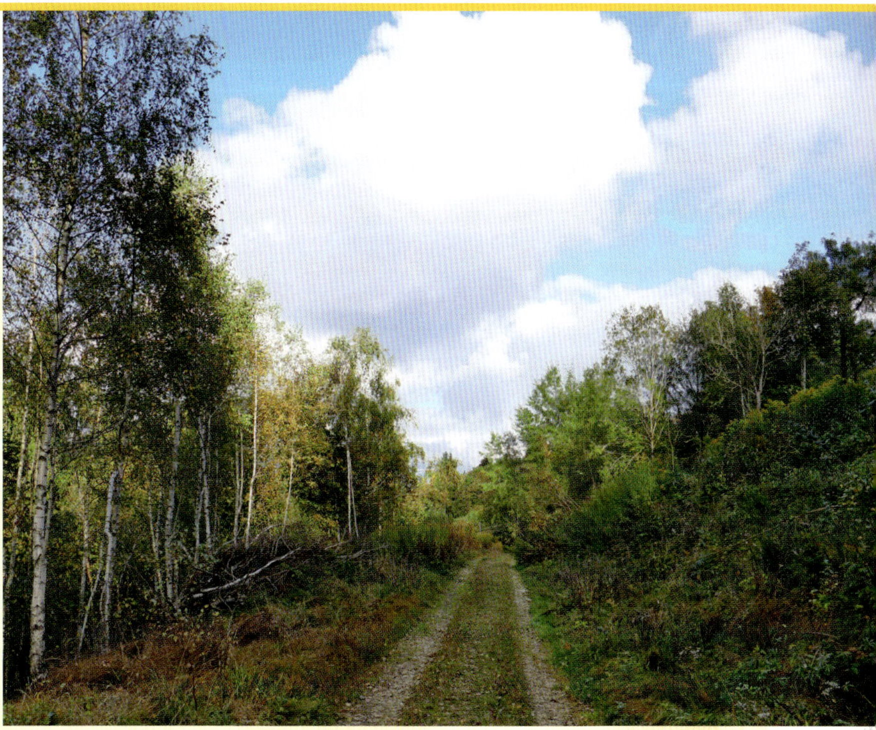

Forstweg im Gramleter Wald

rechts. Tatsächlich die Straße überqueren und geradeaus dem Straßenschild nach Oberaign durch Kerschbaum folgen. An einer interessanten Kapelle mit schindelbedecktem Turm vorbei wandern wir durch das kleine Dorf. Ein ansteigendes Waldsträßchen führt durch den Wald nach Oberaign ❸. Hier kann man links mit der roten 54 einen Abstecher zum Gipfel des Berges „Büchelstein" machen. An sonnigen Sonn- und Feiertagen teilt man dieses leicht zu bewältigende, aussichtsreiche Erlebnis mit vielen Spaziergängern. Die Runde ist dann 1,4 km länger.

Ohne diesen Abstecher zweigt am Gutshof die 15 rechts Richtung Langfurth auf einen ebenen Feldweg ab. Zur richtigen Jahreszeit blühen hier viele Lupinen. Bei gutem Wetter sehen wir über die Hochebene den Großen Arber und andere Berge des Bayerischen Waldes im Hintergrund.

Auf einer Bank vor Feldgehölzen lässt es sich mit schöner Aussicht gut rasten. Danach gabelt sich der Weg. Der linke Weg bringt uns mit der 15 Richtung Langfurth und „Gramlet- und Hochwald" an Feldgehölzen entlang weiter. „Gramlet" ist eine Bezeichnung für das nun kommende Waldgebiet. Im Wald gabelt sich der Weg nach etwa 50 Metern in einen Weg, der links abwärts führt und in einen geradeaus führenden Weg, der fast eben ist. Die Markierung ist etwas versteckt. Hier den Weg geradeaus nehmen, der sich kurz darauf ebenfalls leicht absenkt. Auf dieser Strecke ist man selbst an Sonn- und Feiertagen meistens alleine unterwegs.

Durch üppig grünen Wald geht es auf einsamen Wegen bequem weiter. Wir befinden uns im Streifgebiet des Luchses. Der Waldweg trifft auf einen kleinen Forstweg, führt in eine kleine Senke, steigt wieder an und bringt uns auf eine Kuppe. Vorne rechts ist eine

»So eine schöne Hochebene! Es fällt gar nicht auf, dass wir uns hier auf mehr als 800 Meter ü. NN bewegen!«

Üppiger Wald und Rachelblick

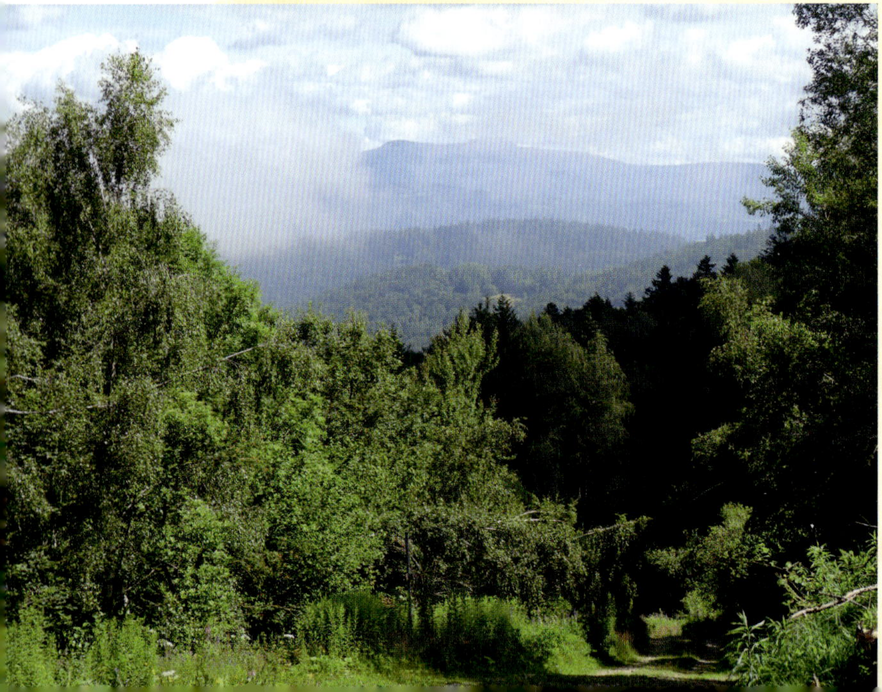

ebene Fläche. Auf der stand bis vor Kurzem ein einsam gelegenes Haus. Der Wanderweg lenkt unterhalb der Fläche auf dem eingewachsenen Forstweg bergab und biegt kurz darauf rechts ansteigend auf einen Pfad ab. Der Wanderweg führt praktisch um das ehemalige Haus herum. Der Pfad wird eben und steuert auf eine ruhige Lichtung 4 zu. Weiter auf dem bequemen Weg bleiben, der um den Steinberg herumführt. In diesen steilen Wäldern stehen einige von Pilzen befallene Biotopbäume. Sie sind eine Goldgrube für die Artenvielfalt, weil sie unter anderem Insekten wie zum Beispiel Wildbienen Lebensraum bieten. An einem Hangweg zweigt die 15 rechts ab, steigt noch einmal bergauf und lotst auf eine kleine Landstraße, der wir links mit Blick über Wiesenhügel und dann durch Wald zum Startpunkt hinab folgen.

Essen/Einkehren:

Gasthof Zum Büchelstein
Kerschbaum 29
94541 Grattersdorf-Kerschbaum
Telefon: 0 99 04 / 2 24
Öffnungszeiten: Auf Anfrage

Bergausflug: Brotjacklriegel und Aschenstein

Mittel

12,5 km

↓↑ 299 m

4 Std.

Schöfweg – Brotjacklriegel – Daxstein – Kleiner Aschenstein – Haunstein – Schöfweg

Die herrliche Runde beginnt in einem überaus hübschen Dorf, führt auf einem reizvollen Erlebnispfad zu einem urigen Aussichtsturm und später zu einem prächtigen Naturdenkmal.

Markierung:
Blauer Goldsteig bis Wanderparkplatz – Sonnenwald-Erlebnispfad bis Brotjacklriegel – gelber Goldsteig bis Daxstein – ab Daxstein rote 14

Parken:
Schöfweg, viele Parkmöglichkeiten in der Dorfmitte (Navi: Marienplatz, 94572 Schöfweg)

Tourist-Information:
Rachelstraße 1
94572 Schöfweg
Tel. 0 99 08 / 27 9

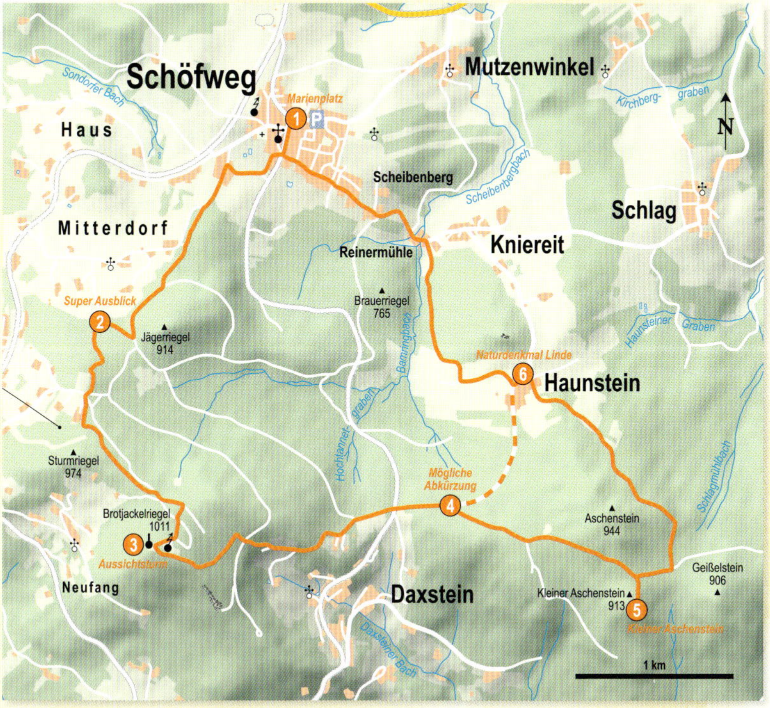

1. Start / Schöfweg, Marienplatz
2. Super Ausblick
3. Aussichtsturm Brotjacklriegel
4. Möglichkeit zum Abkürzen
5. Aussichtspunkt Kleiner Aschenstein
6. Naturdenkmal Linde

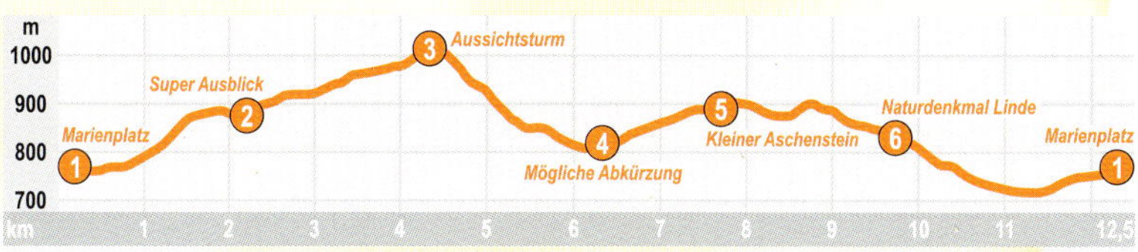

Wir parken am äußerst schönen Dorfplatz in Schöfweg ❶ und folgen bei der Kirche dem blauen Goldsteigzeichen Richtung Brotjacklriegel. Der Wanderweg führt eben über Wiesen und dann auf einem kleinen Sträßchen links bergan. Schließlich biegt er links in einen kleinen, ansteigenden Waldweg ab, der in einen idyllischen Pfad übergeht. Es folgt ein Stück auf einem ebenen Forstweg, der später rechts abzweigt und uns leicht abwärts zum Hochbehälter der Wasserversorgung bringt. Hier lohnt sich ein Abstecher hinab zum Rastplatz am Waldrand. Ein grandioser Blick ❷ auf fast die ganze Bergkette des Bayerischen Waldes erwartet uns!

Wir gehen wieder zurück und um das Gebäude rechts herum, folgen dem blauen Goldsteig stetig bergauf auf lauschigen Wegen und Pfaden. Am Wanderparkplatz wechseln wir auf den äußerst reizvollen Sonnenwald-Erlebnispfad. Der hoch auf dem Baum sitzende „Jackl" zeigt, dass es nach dem Parkplatz rechts langgeht. Der Erlebnisweg schlängelt sich durch herrlichen Mischwald

Gitarren für Riesen und Zwerge

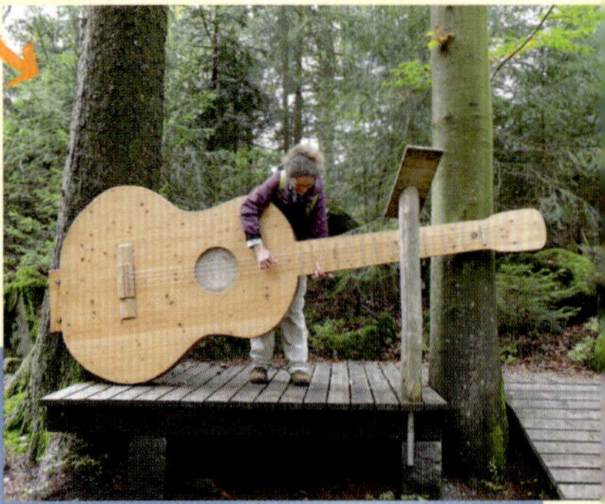

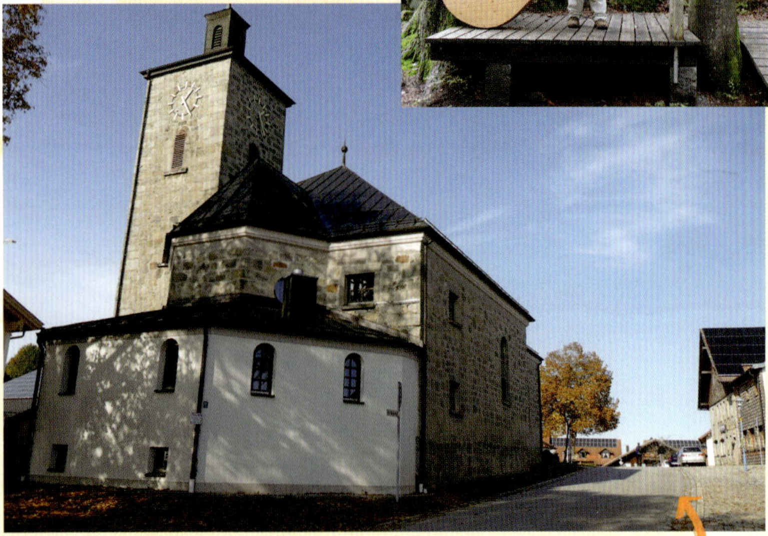

Reizvoller Dorfplatz mit schöner Kirche in Schöfweg

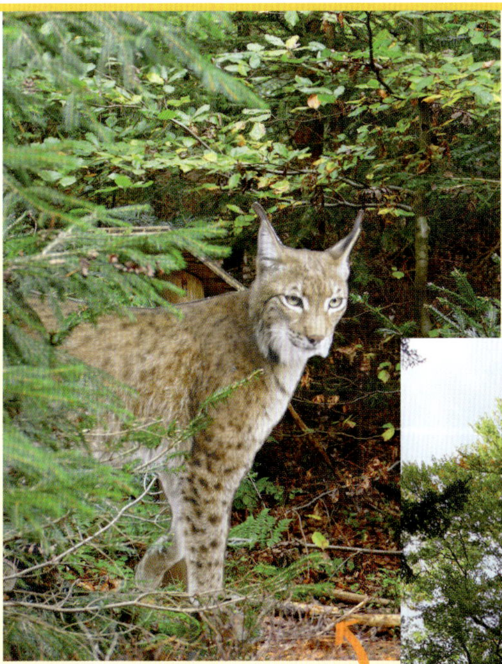

Luchs auf dem Erlebnisweg

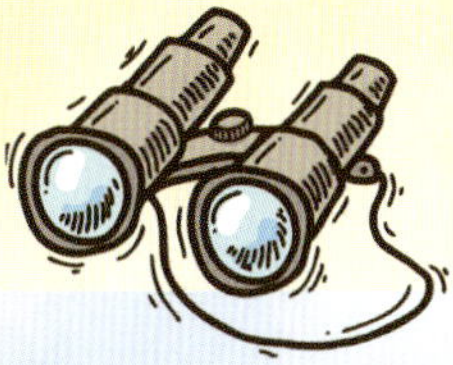

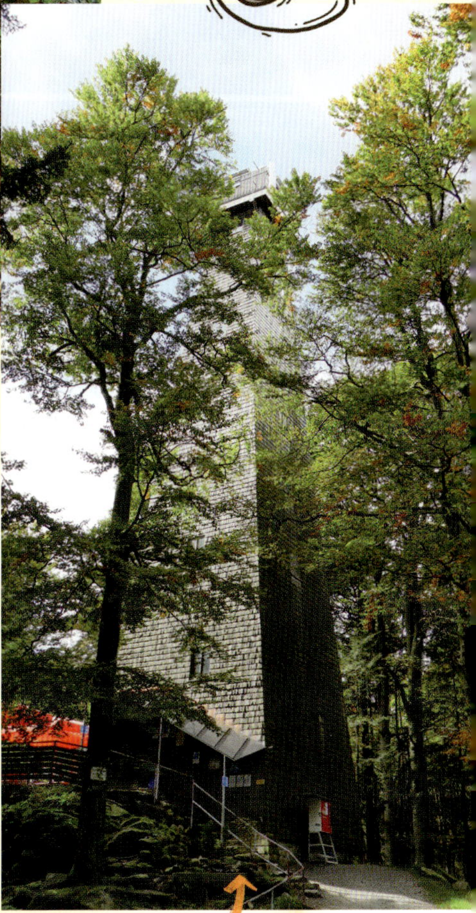

Aussichtsturm

aufwärts. An jeder bebilderten Mitmach-Station gibt es spielerisch etwas zu entdecken: Wer frisst wen? Was hört man im Wald? Wer sieht den Luchs? Von der „Aussichtsplattform" beim Luchs führt unser Weg hinauf zu einer Forststraße, kreuzt diese geradeaus und folgt einer Abkürzung hinauf zum urigen Aussichtsturm ❸. Die Aussicht vom Turm ist fantastisch! Danach geht es rechts neben dem Fernsehsender mit dem gelben Goldsteigzeichen Richtung Daxstein weiter. Teilweise ist der Pfad steinig und sehr abschüssig. Er führt an einem verlassenen Haus vorbei, von dem nur mehr ein paar Grundmauern übrig sind. Nach Überquerung einer Forststraße wird der laubbedeckte und steinige Pfad sehr steil.

Dann treten wir aus dem Wald und – wow! Ist das ein toller Blick über Zenting und die dahinter liegenden Berge und Hügel. Wieder einmal bin ich beeindruckt, wie tief unten alles liegt!

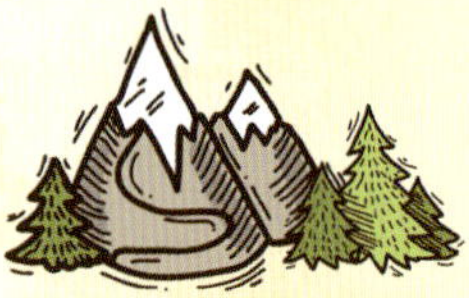

»Bin ich hier im Hochgebirge?«

Ein idyllischer Wiesenweg am Steilhang mit bunten Blumen und wildem Thymian bringt uns zu einer kleinen Zufahrtsstraße, die uns links durch Wald zu einer Straßenkreuzung mit Wanderparkplatz bringt. Wir überqueren die Straße, folgen nun geradeaus der roten 14 auf der Straße zum Kleinen Aschenstein. Nach etwa 300 Metern zweigt rechts der Wanderweg auf eine kleine Forststraße ab. (Hier kann man abkürzen ❹ und auf der Straße direkt nach Haunstein wandern. Die Runde ist dann ca. 2,3 km kürzer).

Unterstand beim Kleinen Aschenstein

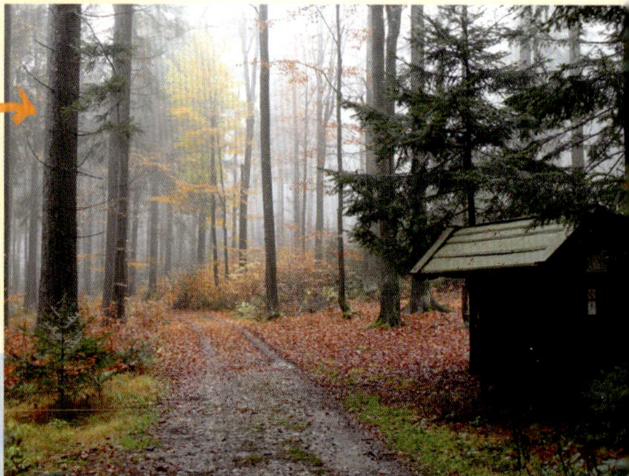

Blick über Daxstein

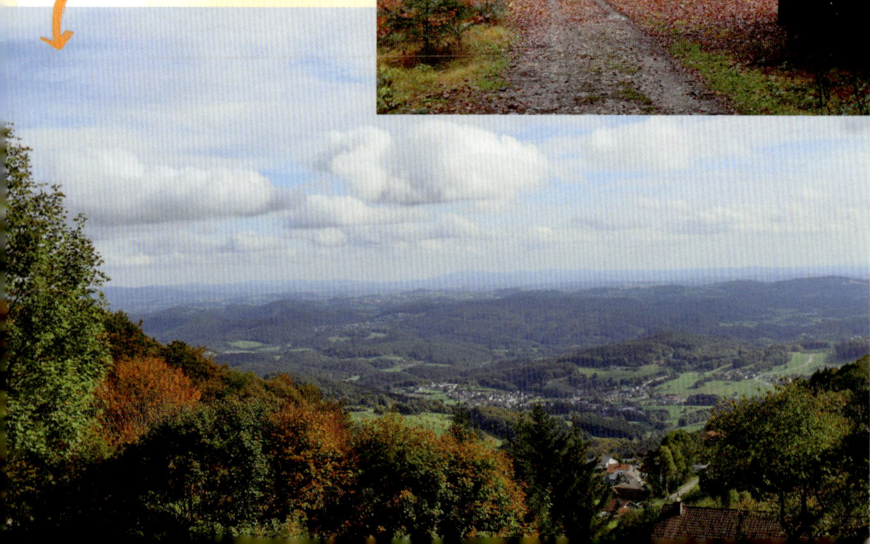

Sanft ansteigend geht es durch abwechslungsreichen Wald mit schön bewachsenem Wegrand. Bei einer Wendeplatte wandern wir mit der 14 geradeaus zum Kleinen Aschenstein, nicht links zum Großen Aschenstein! Auf einer Hochebene zweigt nach einem Unterstand ein Stichweg rechts zum beschaulichen Kleinen Aschenstein ab ❺. Von hier hat man einen großartigen Blick! Zurück an der Abzweigung wenden wir uns nach rechts. An der nächsten Wegkreuzung biegt am Rastplatz die 14 Richtung Schöfweg und Haunstein links ab. Anfangs noch eben, später absteigend führt der Wanderweg eine Weile durch ruhigen, vielfältigen Wald. Ein grasiger, grüner Fichtenwald wechselt sich mit herrlichem Mischwald ab. Es ist seltsam still. Selbst die Vögel zwitschern nur leise. Bei Nebel wäre es hier mystisch.

Glück gehabt: Alpenblick vom Aschenstein

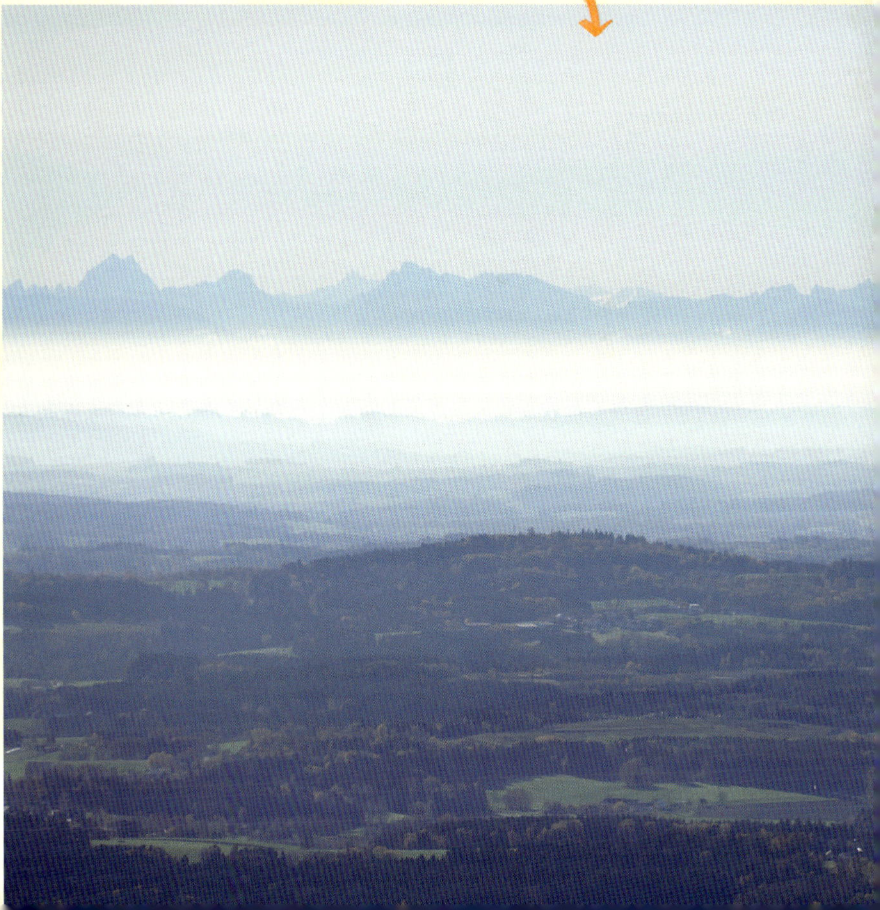

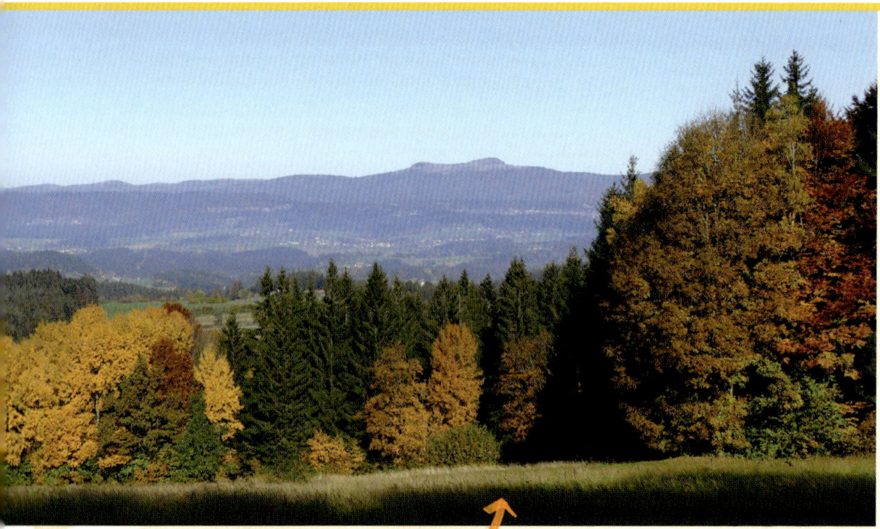

Aussicht auf den Rachel

Auf einer Wiese tut sich ein wunderbarer Blick auf den Arber, den Rachel und andere Berge des Bayerischen Waldes auf. Das ist wirklich ein schöner Platz, sogar mit Rastbank! Wieder im Mischwald lenkt der bequeme Weg leicht bergab nach Haunstein. An der Straßenabzweigung gehen wir links durch das Dorf an alten Bauernhäusern und einer ausladenden, alten Linde vorbei ❻. Wenige Meter danach zweigt vor der Links-

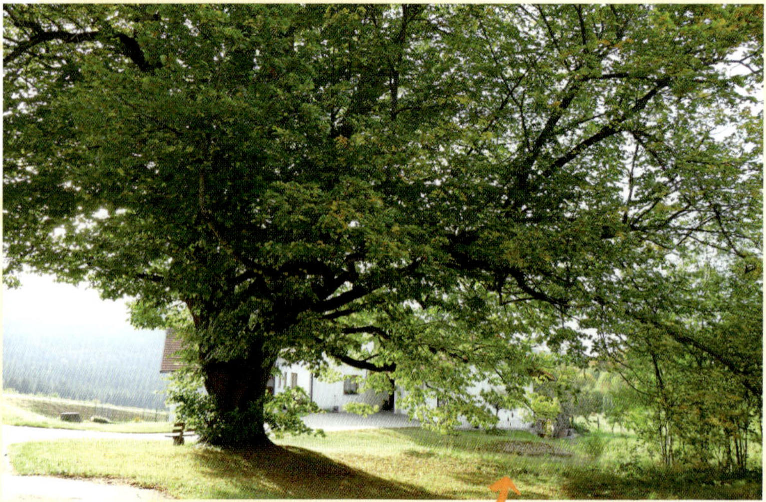

Naturdenkmal Linde in Haunstein

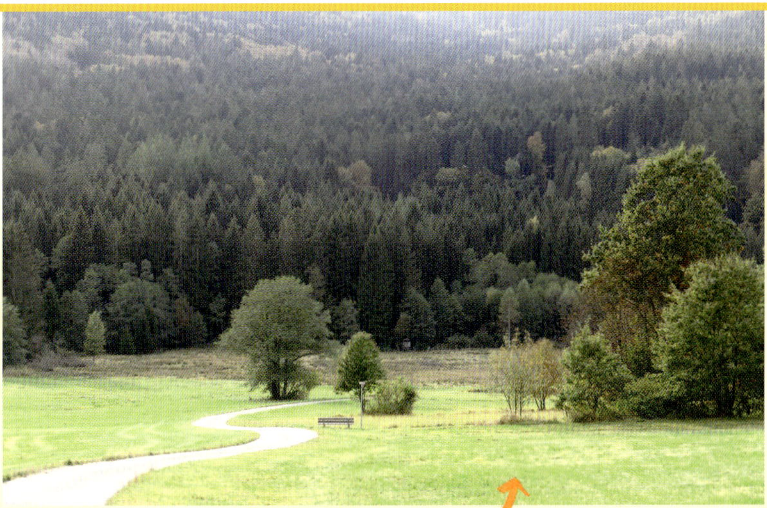

In der Senke ist das LBV-Biotop

kurve ein geteerter Wiesenweg zum LBV-Biotop rechts ab. Die 14 fehlt hier. Aber dieser Weg bringt uns abwärts weiter. Unten bei der zweiten Rastbank biegt die 14 rechts ab. Entlang von Feldgehölzen führt sie in den Wald, dann gemütlich ins nächste Dorf. Hier gelangen wir links auf der kurvigen, kleinen Landstraße bergauf nach Schöfweg. Sie geht am alten Forsthaus in die Rothaustraße über und trifft auf die Straße „Am Kirchanger". Hier rechts abbiegen und schon sind wir wieder am Dorfplatz.

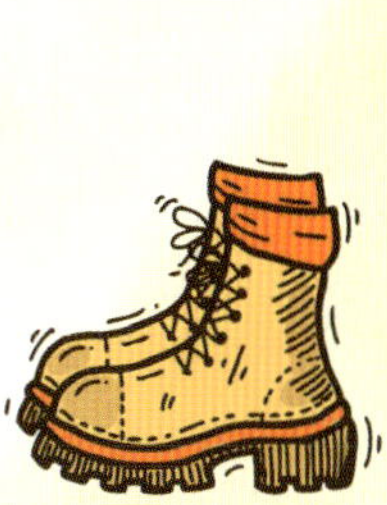

Essen/Einkehren:

Turmstüberl am Aussichtsturm
(nur Imbiss und Getränke)
Brotjacklriegel 1, 94572 Sonnenwald
Telefon 01 71/3 25 60 55
Öffnungszeiten: im Sommer täglich,
im Winter auf Anfrage

Gasthof „Zum Sonnenwald"
Sonnenwaldstr. 3, 94572 Schöfweg
Telefon: 0 99 08/2 75
Öffnungszeiten: Täglich außer Mittwoch
11:30 Uhr bis 14:00 Uhr
17:30 Uhr bis 23:00 Uhr

Cafe-Pension Anneliese
Marienplatz 6, 94572 Schöfweg
Telefon: 0 99 08/2 72
Öffnungszeiten:
täglich außer Montag Nachmittag

Mittel

9,2 km

↓↑ 279 m

3 ½ Std.

Aussichtsreiche Wald- und Wiesenrunde bei Daxstein

Daxstein – Ölberg – Bradlberg – Unterer Daxstein – Daxstein

Eine Wanderung mit herrlichen Aus-, Tief- und Weitblicken und einem knackigen Anstieg in der zweiten Hälfte.

Markierung:
Rote 23 – Turmweg im roten Kreis – Turmweg, weißer Hintergrund – rote 39 – rote 25 a – rote 23 – Goldsteig – rote 28

Parken:
Wanderparkplatz „Platzl" in Daxstein an der Ecke Hochweg / Platzlweg. (Navi: Daxstein, 94579 Zenting)

Tourist-Information:
Schulgasse 4
94579 Zenting
Tel.: 0 99 07 / 8 72 00 15

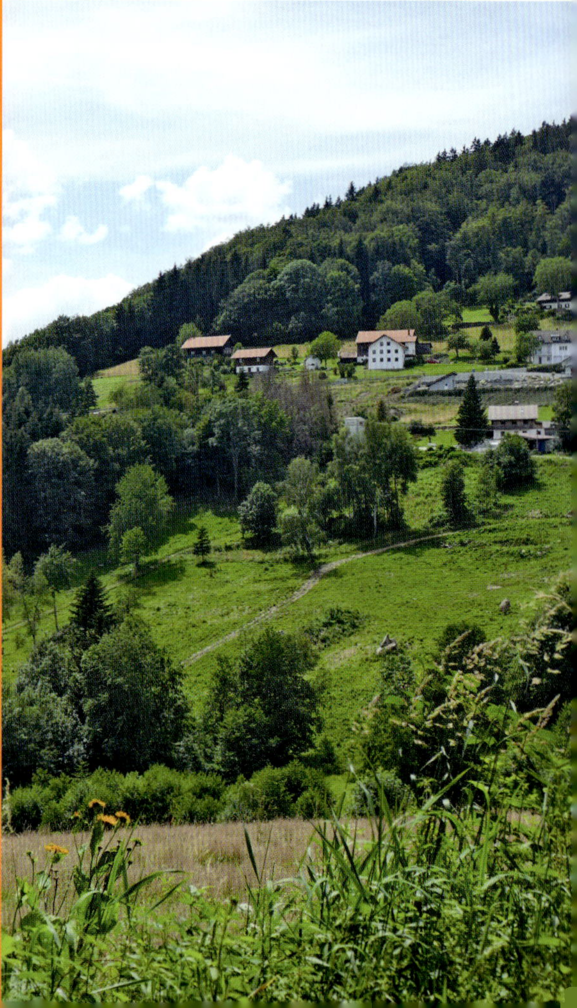

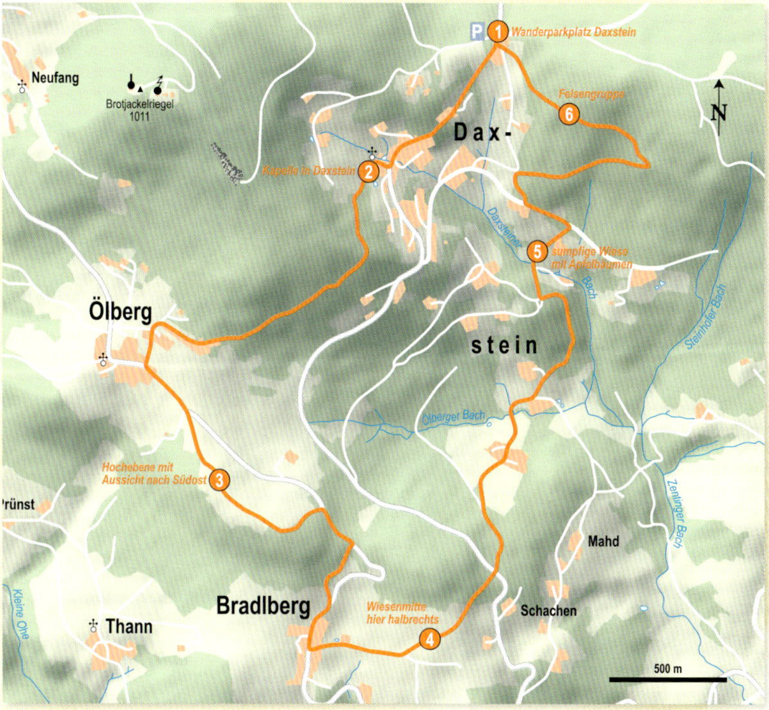

❶ Wanderparkplatz „Platzl“ Daxstein – Start/Ziel

❷ Kapelle in Daxstein

❸ Hochebene mit Blick zum Aschenstein und in die Tiefe

❹ Wiesenmitte, hier halbrechts

❺ Sumpfige Wiese mit Apfelbäumen

❻ Felsengruppe rechts

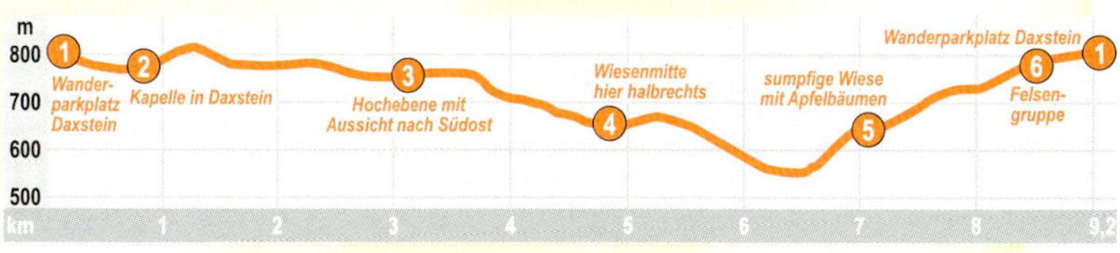

Den Parkplatz in Daxstein ❶ im Rücken gehen wir mit der Markierung rote 23 auf der Straße links nach Daxstein. Bereits nach wenigen Metern erwartet uns ein toller Tief- und Weitblick.

Im Dorf nach der Hausnummer 31 rechts der Markierung „Turmweg" (schwarzer Turm auf rotem Kreis) nach oben folgen. Bei der Kapelle ❷ links über Wiesen wandern, die nach FFH-Naturschutz-Kriterien bewirtschaftet werden. Mit etwas Glück sieht man deshalb je nach Jahreszeit viele Schmetterlinge.

Im Mischwald steigen wir bergauf an Felsen vorbei. Dann fällt der Hangweg ab, bringt uns eben nach Ölberg und an Wochenendhäusern entlang. An der nächsten Abzweigung sieht man rechts oben den Fernsehsender und vorne links den Büchelstein. Hier biegen wir mit dem weißen Turmwegzeichen links ab.

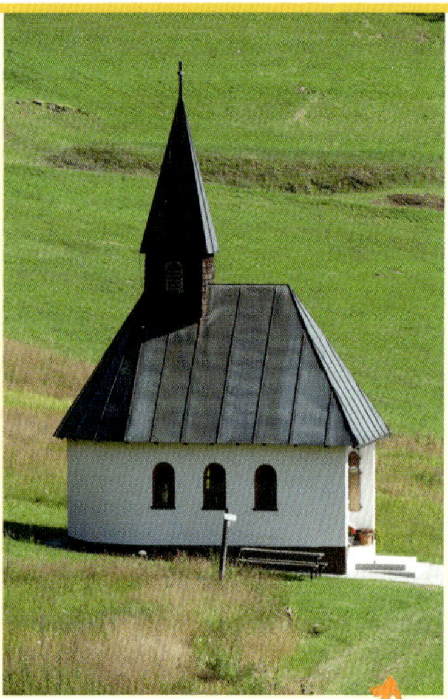

Kapelle in Daxstein

Kurz danach gehen wir mit der roten 39 an der Naturpark-Info-Tafel geradeaus vorbei und auf asphaltiertem Wiesenweg ins Dorf hinab. An der Straße folgen wir links der aus-

FFH-Wiese: Mit etwas Glück sieht man viele Schmetterlinge.

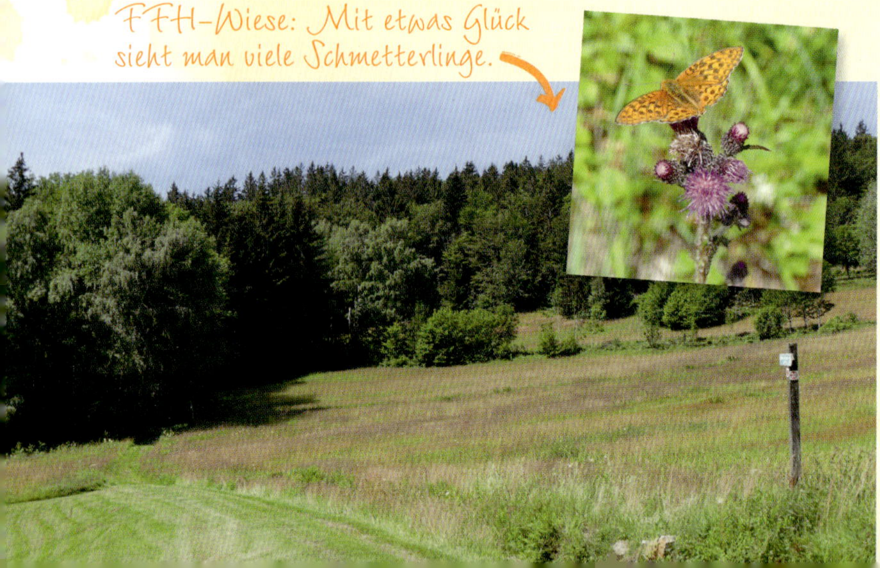

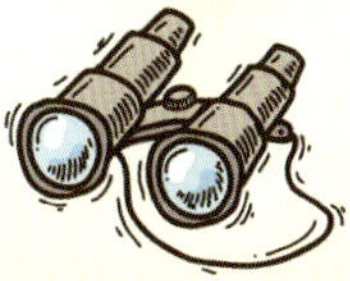

» Ein wunderbarer Blick über viele Hügelketten! «

sichtsreichen, ebenen Landstraße nach Bradlberg. Bei entsprechendem Wetter sieht man rechts (im Süden) sogar die Alpen! Nach 200 Metern zweigt die 39 rechts und dann sofort links auf einen Wiesenweg ab. Er zieht über eine Hochebene ❸ mit großartigem Blick auf den Berg Aschenstein und über die südöstlichen Hügel. Erstaunlich, wie tief unten alles liegt!

Über Wiesen und an mehreren Rastbänken vorbei tauchen wir mit einem kleinen Linksknick in den Wald ein. Der Pfad schlängelt sich zu einer Straße hinab, auf der wir ein paar Meter rechts gehen. Schon zweigt die 39 rechts auf einen zugewachsenen Pfad im Wald ab. Der Weiterweg verläuft am Waldrand entlang. Eine idyllisch gelegene Bank an einer Wiese lädt zur Rast inmitten üppig blühender Wiesenblumen ein. Wir lenken unsere Schritte nach Bradlberg, wo die rote 25 a in der Dorfmitte links abzweigt. Sie bringt uns eben aus dem Dorf hinaus und über Wiesen zu einem Feldgehölz mit Sitzgelegenheit.

Zwischen den Bäumen hindurch wandern wir wieder über eine Wiese. In der Mitte der Wie-

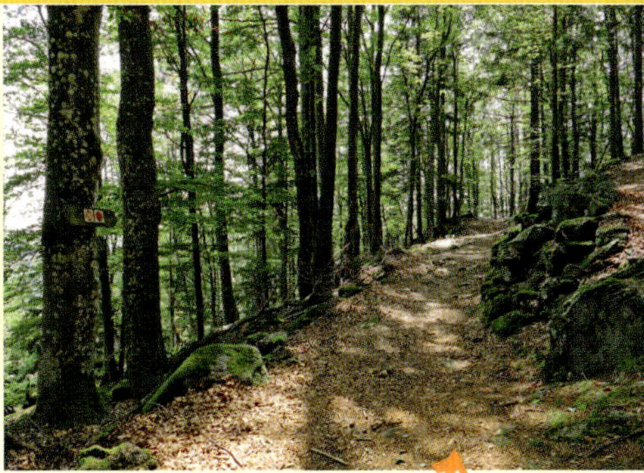

Waldweg zwischen Daxstein und Ölberg

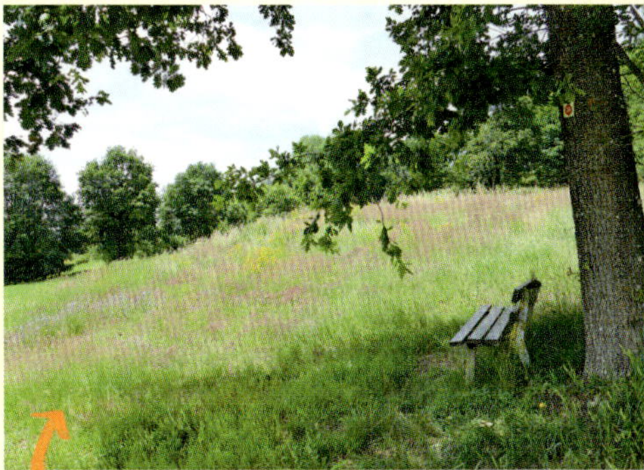

Idyllischer Rastplatz vor Bradlberg

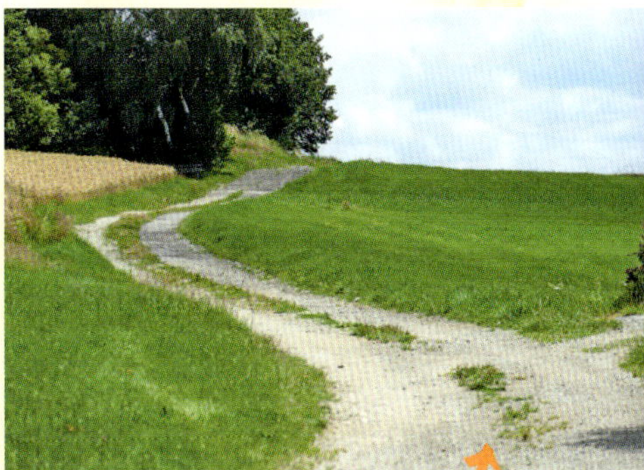

Weg hinter Bradlberg

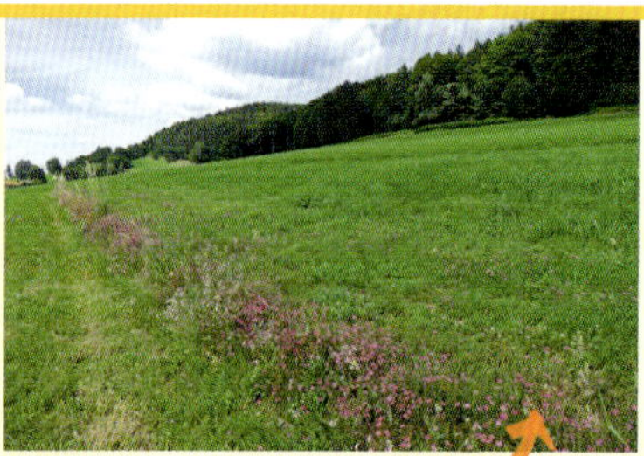

Kaum erkennbarer Wiesenweg

se endet der deutlich sichtbare Weg. Wir nehmen den unscheinbaren Wiesenweg halbrechts ❹. Im Sommer leuchten an seinem Rand wilde Nelken. Kurz danach stehen wir an einem Feldgehölz. Hier gehen wir links quer über die Wiese zum nächsten Feldgehölz. Rechts davon wenige Meter am Waldrand weglos abwärts. An einem Baum sieht man die Markierung rote 21. Die 25a fehlt. Kurz laufen wir weiter am Waldrand entlang, von dem aus wir uns an dem Blick auf die beschauliche Landschaft erfreuen. Bald lenkt uns die Markierung links in den Wald auf einen etwas zugewachsenen Weg. Er zieht zu einer Straße hinab, die wir überqueren.

Die 25 a leitet uns im Wald auf einem befestigten Weg sanft bergab. Wir verlassen den Wald und unser Blick fällt auf den steilen Hang gegenüber. Links oben liegt unser Endpunkt. Zuerst geht es aber an Feldgehölzen entlang weiter abwärts, zwischen den Häusern vom „Unteren Daxstein" hindurch und über einen Bach. Nach dem Trafohaus schwenkt die 25 a links in eine Sackgasse, ein paar Meter weiter rechts in den Wald ein. Mit der roten 23 folgt ein steiler, wunderschöner Abschnitt durch Buchenmischwald. Wir treffen auf einen Wirtschaftsweg, der uns zunächst fast eben mit der 23 nach rechts lenkt. Nach einem Bächlein und einer sumpfigen Wiese mit alten Apfelbäumen ❺ treffen wir oben auf die Markierung Goldsteig.

Blick über Zenting

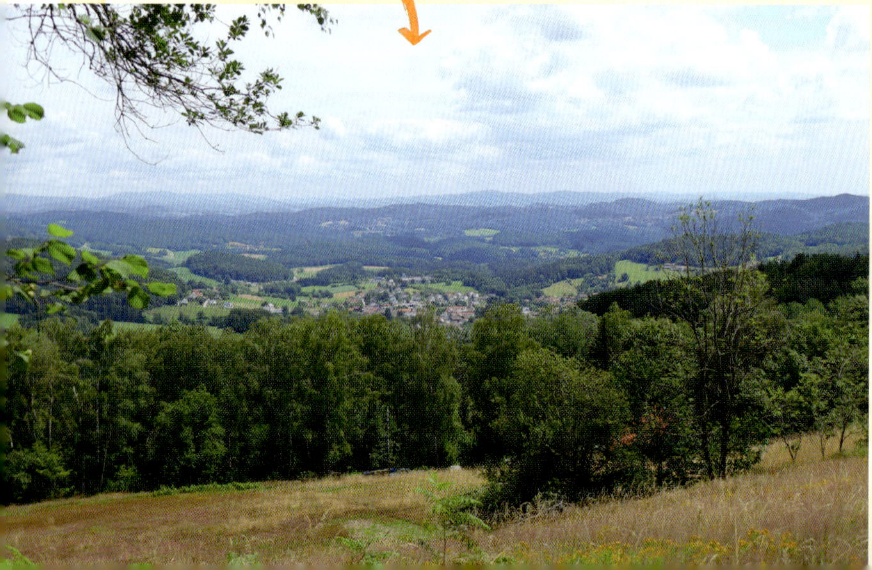

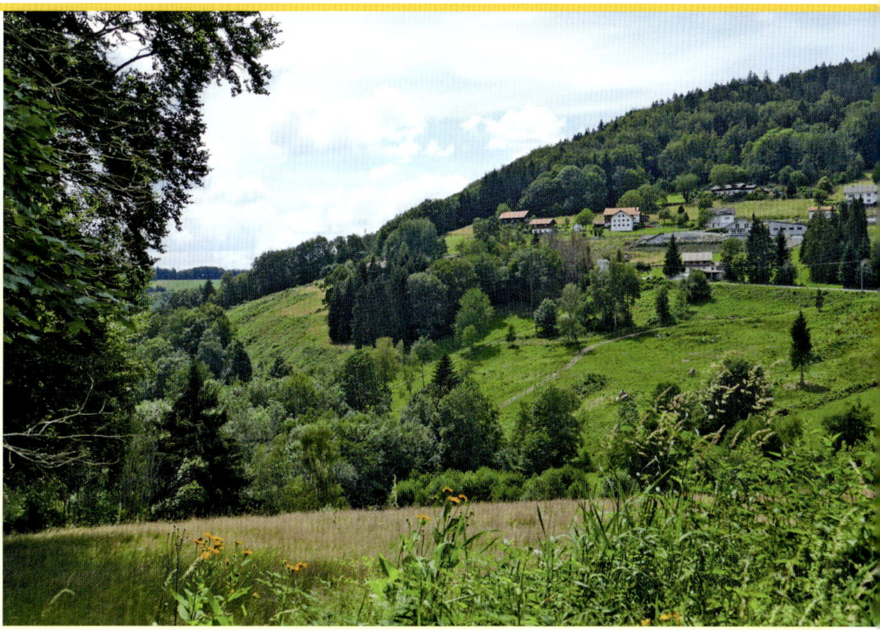

Die steilen Hänge von Daxstein

Wir wenden uns nach links. Gegenüber dem ersten Haus mündet der Goldsteig rechts auf einen ansteigenden Pfad in den Wald ein. Kurz danach treten wir aus dem Wald hinaus. Hier kann man abkürzen und mit dem Goldsteig geradeaus steil bergauf steigen. Wir aber gehen mit der roten 28 rechts in den Wald. Der bequeme Waldweg leitet uns anfangs fast eben, später ansteigend durch schattigen Mischwald. Nach etwa 600 Metern biegt die rote 28 im spitzen Winkel nach links ab, führt weiter oben an einer markanten Felsengruppe ❻ vorbei und eben über eine Naturverjüngungsfläche. Auf vergrastem Weg geht es flach aus dem Wald hinaus und über eine weitere artenreiche Wiese zurück zum Parkplatz.

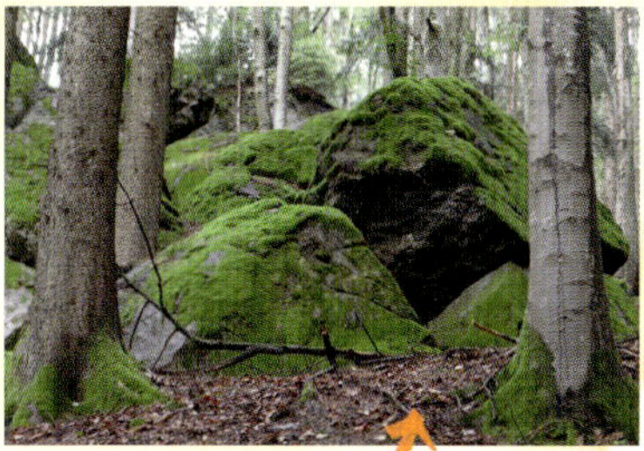

Felsengruppe

Essen/Einkehren:

Während der Wanderung besteht keine Einkehrmöglichkeit. Die nächsten Gasthäuser finden Sie in Langfurth, Schöfweg und Zenting.

Panoramarunde bei Zenting

Mittel

10,8 km

↓↑ 265 m

3¾ Std.

Zenting – Burgsdorf – Gessenreuth – Winden – Fradlberg – Mittlerer Daxstein – Unterer Daxstein – Zenting

Klasse Rundweg mit tollen Panoramablicken über Wiesen, Wälder, Hügel und auf die umliegenden Berge.

Markierung:
Grünes Dreieck – unmarkiert bis Burgsdorf – rote 20 – rote 20 / 23 ab Gessenreuth – ab Fradlberg gelber Goldsteig / rote 23 – ab Daxstein rote 23 / Trans-Bayerwald-Trail – Abstecher zum Bach unmarkiert – Rad-Trail / rote 23 bis Zenting

Parken:
Wanderparkplatz bei der Tourist-Info in Zenting (Navi: Schulgasse 4, 94579 Zenting)

Tourist-Information:
Schulgasse 4,
94579 Zenting
Telefon: 0 99 07/8 72 00 15

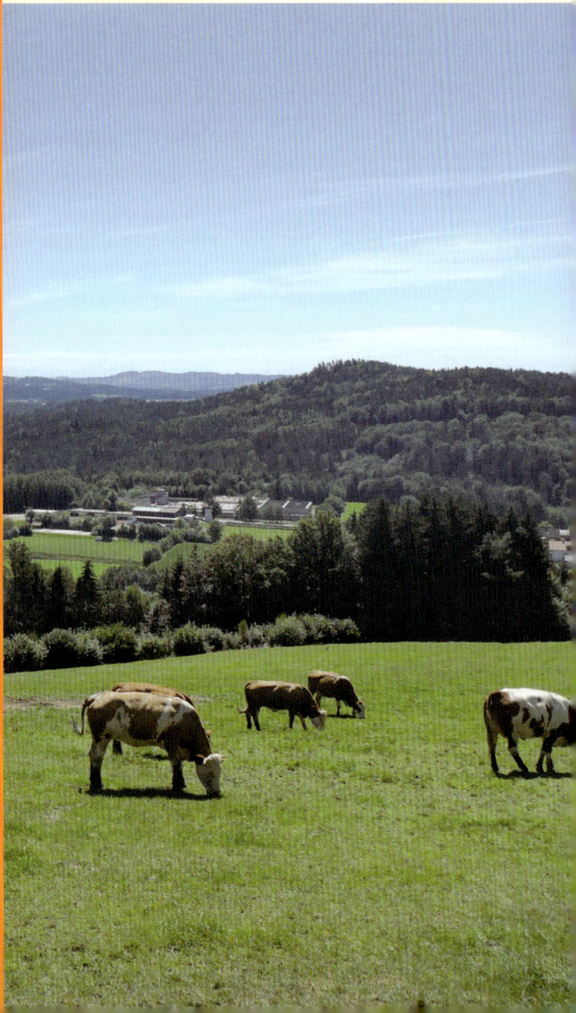

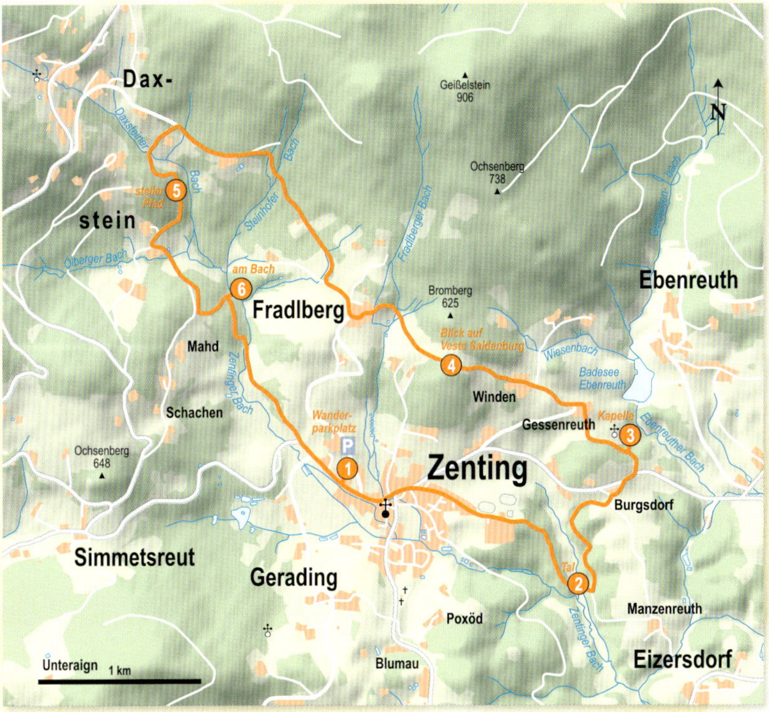

❶ Start Wanderparkplatz in Zenting
❷ Tal
❸ Gessenreuther Bründl-Kapelle
❹ Blick Veste Saldenburg
❺ Steiler Pfad
❻ Abstecher Steinhofer Bach

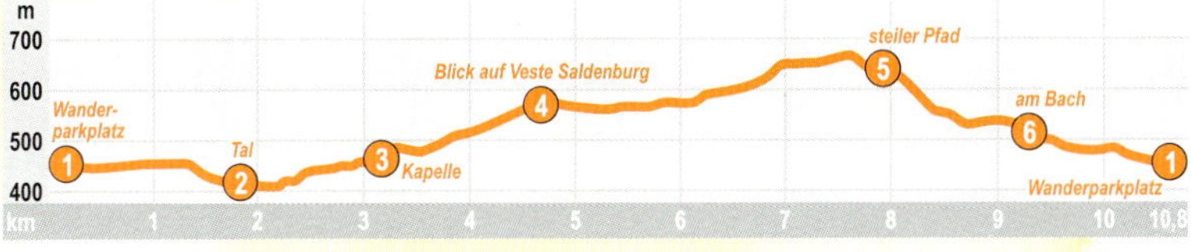

Vom Parkplatz in Zenting ❶ gehen wir zur Hauptstraße (Deggendorfer Straße) und halten uns links. Wir treffen auf das grüne Dreieck (Europäischer Fernwanderweg), das uns zuerst auf der Deggendorfer und dann auf der Grafenauer Straße geradeaus durch Zenting begleitet.

Am Übergang zur Grafenauer Straße steht links hinten ein hübsches, denkmalgeschütztes Bauernhaus. Kurz darauf zweigen wir von der Grafenauer Straße rechts auf die Straße „Sommerreithweg" Richtung Sportgelände ab. Über den Sportplatz hinweg schauen wir auf die nördlich gelegenen Bergrücken, die links mit dem Brotjacklriegel beginnen. Die Berge überragen Zenting um mehrere hundert Meter.

Nach dem Sportplatz folgen wir dem Weg geradeaus bis zur Linkskurve. Vor dieser zweigt das Dreieck rechts auf einen anfangs abfallenden Waldweg ab. Die Abzweigung kann man leicht übersehen. Nun ein paar hundert Meter geradeaus durch schönen Mischwald wandern. Abzweigende Wege ignorieren. Später ist der Weg vergrast, folgt als Pfad einem ebenen, breiten Rücken und bringt uns über die linke Hangseite in ein verträumtes Tal ❷. Am Fuß des Hanges ein paar Meter rechts bis zum Beginn der Wiese gehen und am Wiesenrand sofort links an den Feldgehölzen vorbei.

Blick von Zenting auf den Aschenstein

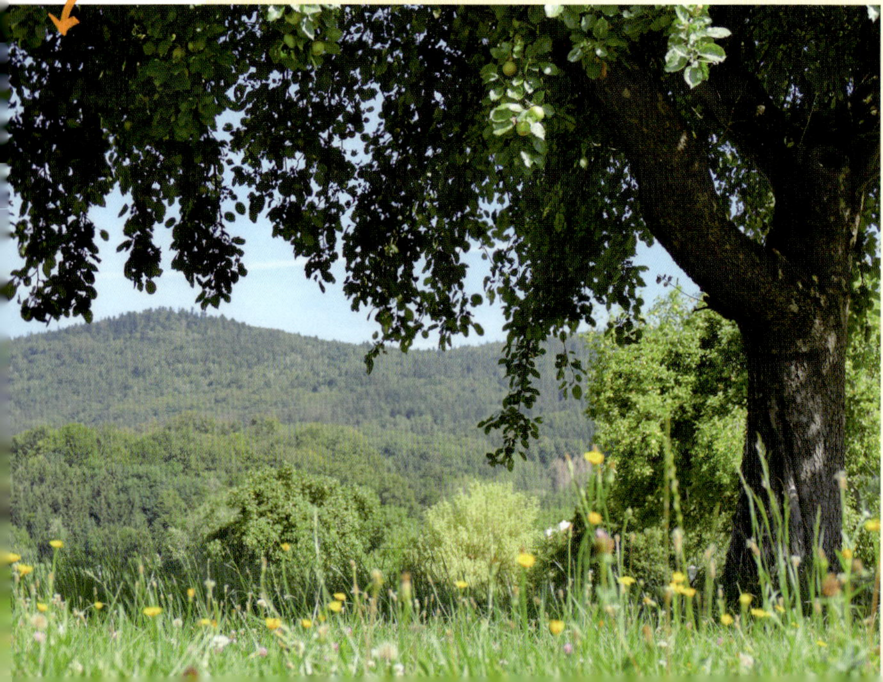

Wenige Meter weiter überqueren wir rechts das leise murmelnde Bächlein, gehen geradeaus über die Wiese auf die gegenüberliegende Talseite. Im Wald steigen wir auf dem markierten Pfad nach oben zu einer T-Kreuzung. Hier gehen wir ohne Markierung links auf dem leicht abfallenden, später kurvigen Weg weiter. Nach einer deutlichen Rechtskurve steigt der Weg stärker an und zieht über Wiesen auf Burgsdorf zu.

An der T-Kreuzung halten wir uns auf der kleinen Landstraße mit der roten 20 links, gehen rechts an den Häusern vorbei und an der nächsten Straße wieder rechts. Nach etwa 30 Metern, unmittelbar nach der steilen Straßenböschung zweigt links der Weg auf

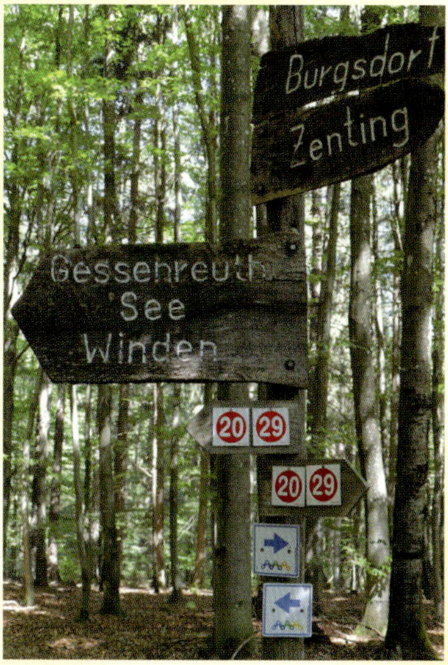

Alte Wegweiser

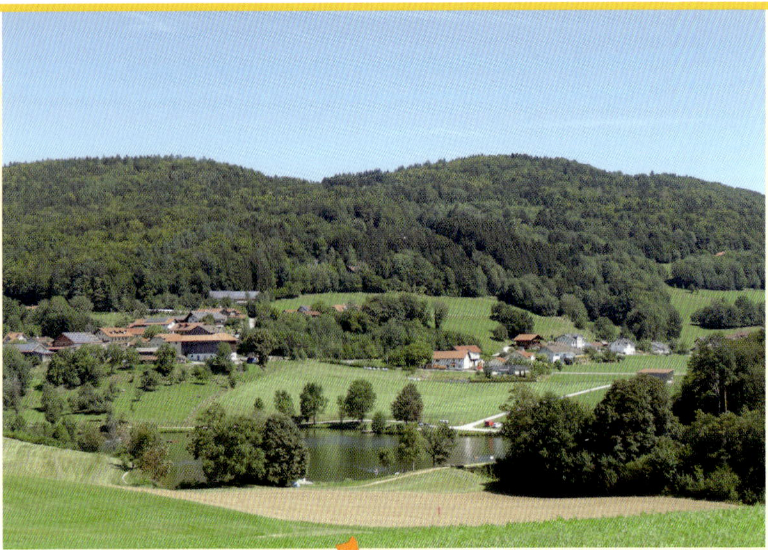

Der Ebenreuther See

einen sanft ansteigenden Wiesenweg ab, führt an einer Weide vorbei. Wieder im Wald bringt uns ein Stichweg zur Gessenreuther Bründl-Kapelle ❸. Sie zählt zu den Baudenkmälern und wurde Ende des 19. Jahrhunderts erbaut. Nach dem Abstecher folgen wir dem rechten Weg bergauf Richtung Gessenreuth.

Am Waldrand erwartet uns eine tolle Aussicht auf den Ebenreuther See, der wunderschön in die Umgebung eingebettet ist. Über Wiesen und Felder wandern wir auf ein

Aussicht nach Süden

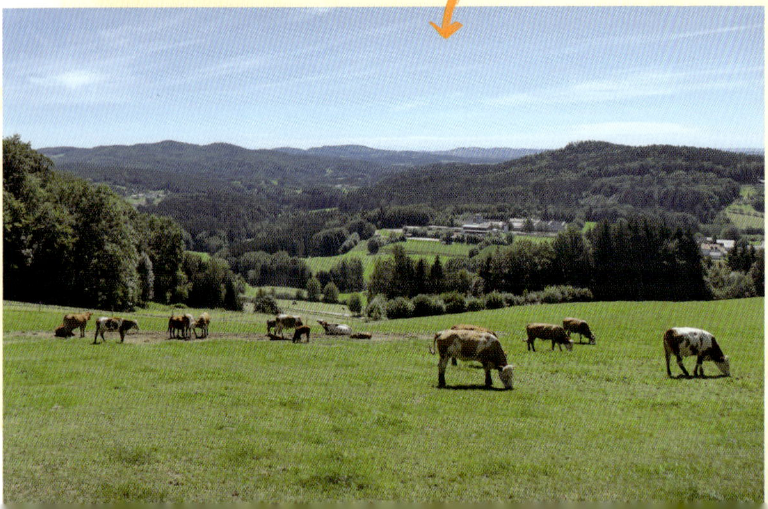

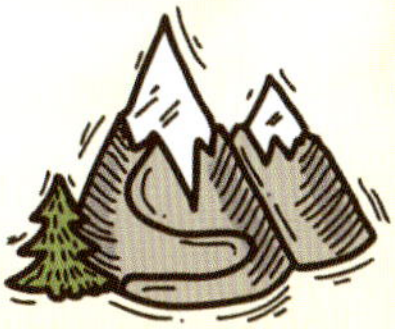

»Die Aussicht ist superschön!«

Gehöft zu. Der See liegt dabei rechts unten. Direkt nach dem Bauernhof lenkt die rote 20 links ansteigend auf eine kleine Landstraße. Diese lotst uns mit der 20 und 23 leicht bergauf nach Winden. Es lohnt sich, sich immer wieder umzudrehen und das Panorama zu genießen.

In Winden gehen wir an der T-Kreuzung links, dann sofort mit vielen Markierungen rechts kurz steil bergauf und dann gemächlicher über Felder, Wiesen und Weiden. Die Kühe grasen mit einem super Ausblick. Bei einer Rastbank am Waldrand machen wir Halt, schauen zurück und sehen auf einem der vielen Hügel den massiven Wohnturm der Veste Saldenburg ❹.

Am Waldrand geht es gemütlich weiter. Dabei haben wir vor uns den 1011 Meter hohen Brotjacklriegel fest im Blick. Über einen lieblichen Wiesenweg erreichen wir mit den Markierungen 20, 23 und dem Goldsteigzeichen Fradlberg. Dort folgen wir den Markierungen rechts Richtung Brotjacklriegel.

Der aussichtsreiche Weg führt an Wiesen und einer Böschung mit Wildrosen, Schlehensträuchern und Gehölzen entlang, bringt uns in den Wald und später auf eine malerische Lichtung mit einem alten Haus. Ein steiniger, manchmal nasser Waldweg lenkt uns leicht aufwärts durch stellenweise üppig wuchernden Wald.

In der Mitte links ist die Veste Saldenburg

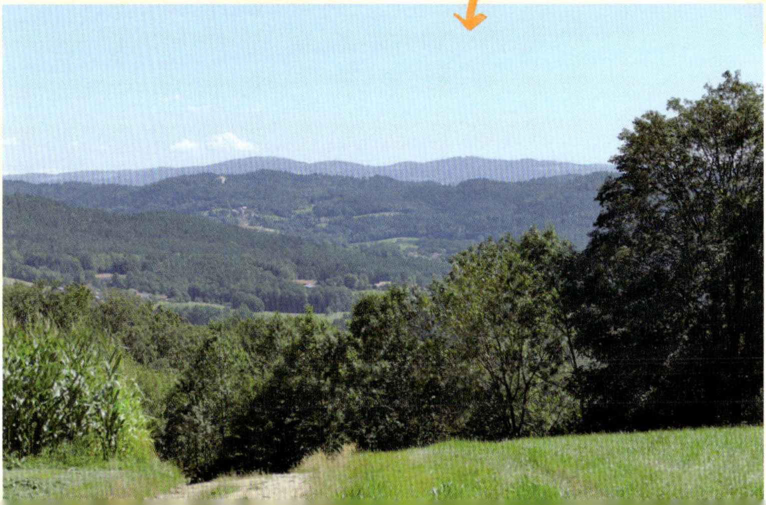

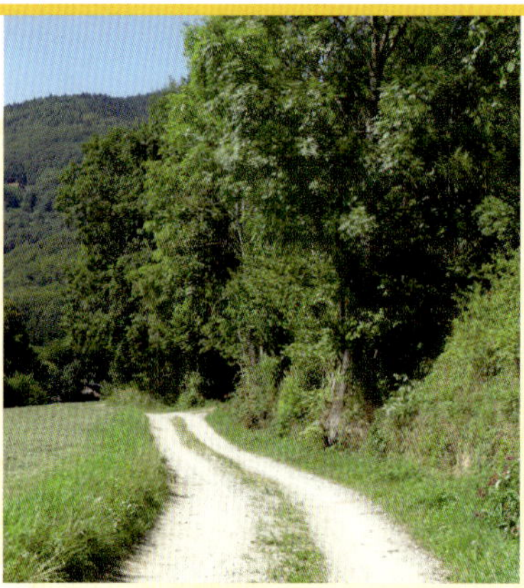

Unterwegs auf dem Goldsteig

Wir treten aus dem Wald, kommen an einem Haus vorbei, wandern auf dessen Zufahrtsstraße weiter. Nach etwa 500 Metern biegen im Fichtenwald die rote 23 und der Trans-Bayerwald-Trail (Radwegzeichen) links auf eine kleine Zufahrtsstraße nach unten ab. Dieser folgen wir, genießen kurz darauf nach einem weiteren einsam gelegenen Haus den schmalen Weitblick, der bis über Thurmansbang hinausreicht. Seitlich gluckert ein Wässerchen. Auf dem folgenden ebenen Waldwirtschaftsweg zweigt die Markierung in der Rechtskurve links ab. Es geht hinab zu einem überraschend steilen Pfad 5 in herrlichem Buchenwald.

Der Pfad wird zum ebenen Weg und mündet auf ein Landsträßchen. Hier wandern wir links bergab an Pferdekoppeln vorbei. An der T-Kreuzung beim Haus (Unterer Daxstein) noch einmal kurz auf Asphalt links. Nun fast eben zwischen Wiesen hindurch, die von steilen, bewaldeten Berghängen umgeben sind. Auf zweispurigem Betonpflaster weiter, leitet im Wald die Markierung erneut nach links auf schmale, bergab führende Waldwege. An einer T-Kreuzung in der Senke lenkt uns der Weg nach rechts. Nach ein paar Metern stößt er auf eine Wegkreuzung. Ein Ab-

Zwischen Daxstein und Zenting

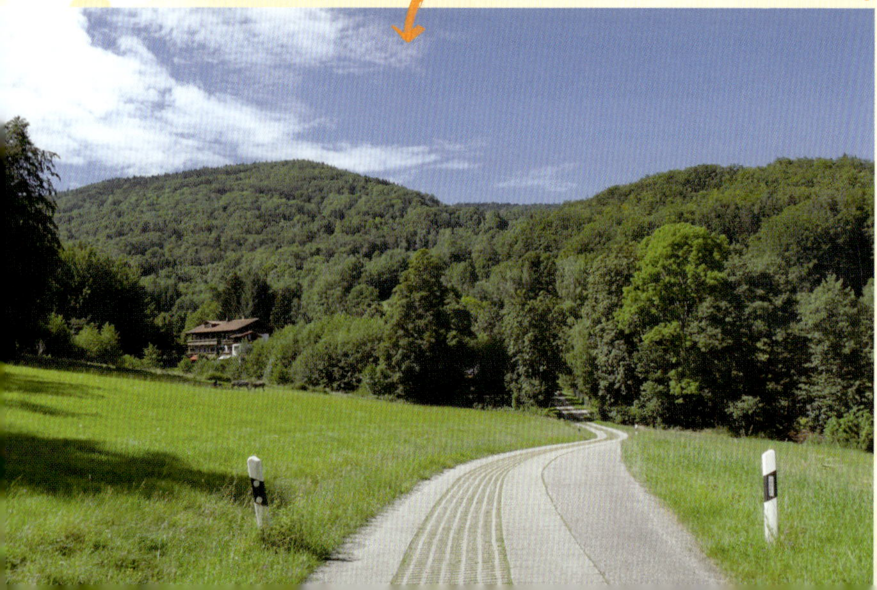

stecher zum 50 Meter entfernten Steinhofer Bach ⑥ bietet sich an, um die Füße zu kühlen. Dafür den linken, unmarkierten Weg nehmen.

Zurück an der Kreuzung mit der 23 auf dem Weg links in der Senke bleiben. Wir streifen eine Rastbank mit Wegkreuz, halten uns links und überqueren kurz danach den Zentinger Bach. Über Wiesen und durch Wald führt uns der bequeme Weg eben aus dem langgezogenen Tal hinaus. Der Feldweg mündet auf die Straße nach Zenting. Hier gehen wir links und erreichen bald darauf die Schulgasse und damit unseren Startpunkt.

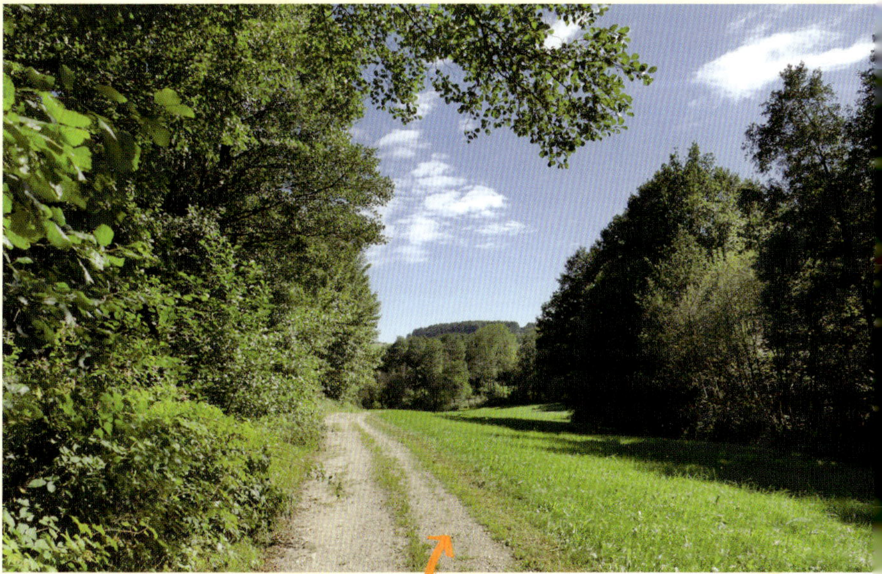

Im Tal kurz vor Zenting

Wegkreuz

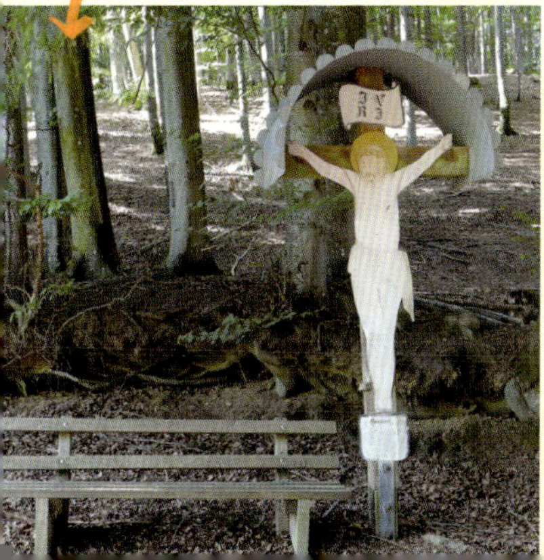

Essen/Einkehren:

Landgasthof Kammbräu
Bräugasse 1, 94579 Zenting
Telefon: 09907/89220
Öffnungszeiten:
Montag – Freitag: 17.30 - 21.00 Uhr
Samstag – Sonntag: 11.00 - 21.00 Uhr

Mittel

10,7 km

↓↑ 96 m

3½ Std.

Stille Täler und Burg Ranfels

Ranfels – Tal der Großen Ohe – Kneisting – Ranfelsmühle – Neuhof – Ranfelsmühle – Ranfels

Auf dieser Lieblingsrunde wandern wir durch stimmungsvolle Täler und am Ende besichtigen wir eine malerisch gelegene Burg.

Markierung:
Blauer Goldsteig – Wichtelweg bis kurz vor Kneisting – unmarkiert – Wichtelweg – blauer Goldsteig bis Ranfelsmühle – rote 63 – rote 68 – ab Hauermühle unmarkiert – ab Neuhof rote 24 – blauer Goldsteig – unmarkiert – blauer Goldsteig

Parken:
Parkplatz unterhalb der Glascontainer in Ranfels, bei Hausnr. 22 (Navi: Ranfels, 94579 Zenting)

Tourist-Information:
Schulgasse 4
94579 Zenting
Tel. 0 99 07 / 8 72 00 15

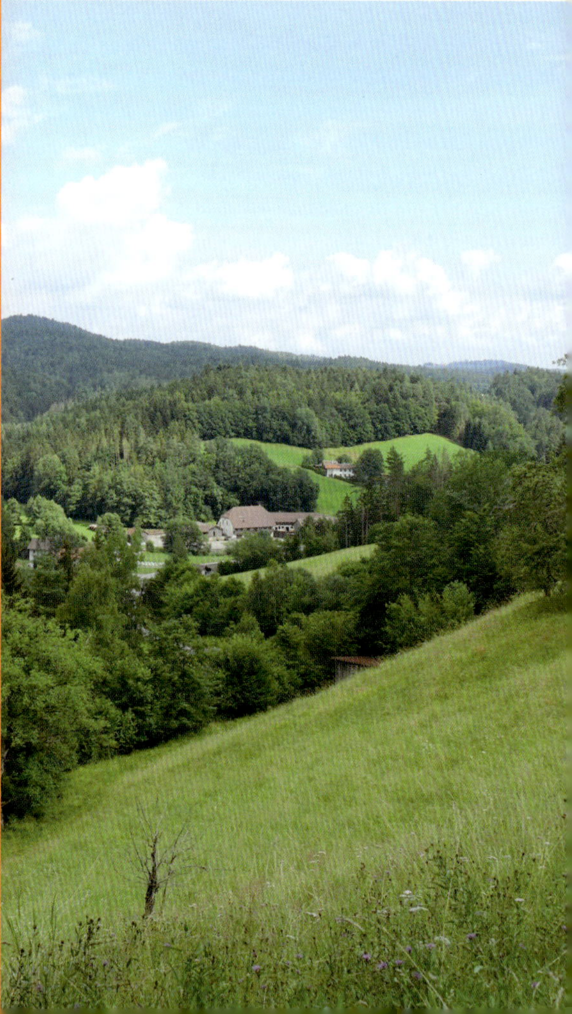

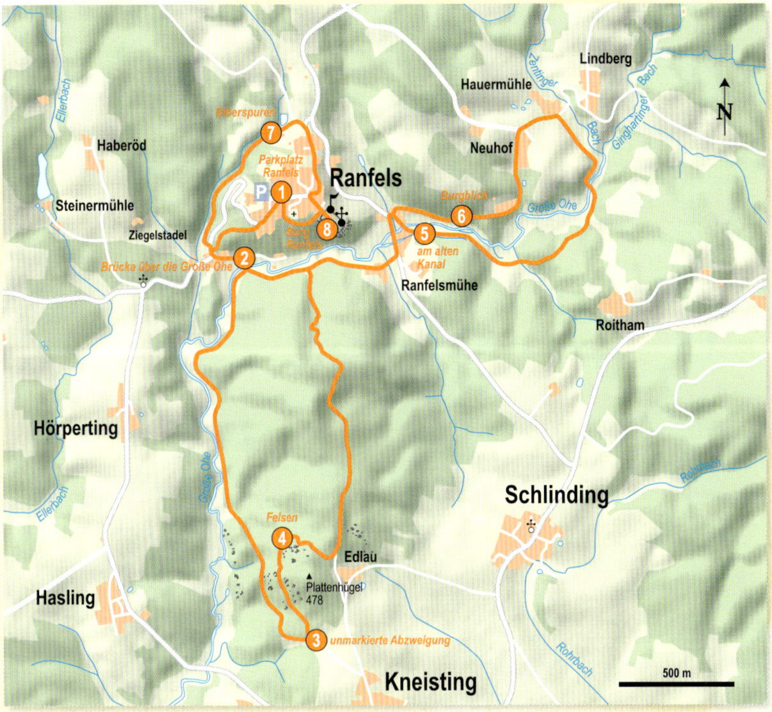

1. Start / Wanderparkplatz Ranfels
2. Brücke über die Große Ohe
3. Unmarkierte Abzweigung
4. Felsen
5. Alter Kanal
6. Burgblick
7. Biberspuren
8. Burg Ranfels

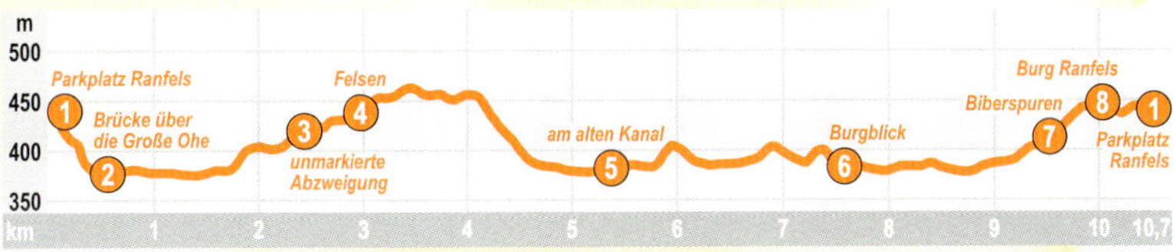

Vom Parkplatz in Ranfels ❶ gehen wir auf der Straße rechts bis zur Rechtskurve. Dort zweigt das blaue Goldsteigzeichen links auf die steile Zufahrt einiger Häuser ab. Der Wanderweg führt ein Stück durch Wald, streift nach einem sehr steilen Stück kurz eine Landstraße und lenkt an dieser links in das Tal der Großen Ohe. Auf einer Brücke ❷ wechseln wir die Talseite. Unmittelbar danach geht es rechts mit den Markierungen „Wichtelweg / Kneisting" weiter. Der rechte, kleine Weg bringt uns in sanftem Auf und Ab am Waldrand entlang durch das stille Tal, begleitet von den Geschichten des Wichtelweges. Der leise plätschernde Bach schlängelt sich von einer Talseite auf die andere. Nach ungefähr einem Kilometer entfernt sich der Wanderweg vom Tal, geht in Asphalt über und führt aufwärts durch Wald. Nach der Steigung wird der Weg wieder eben und der Belag angenehmer. Schließlich wandern wir an einem Waldrand entlang. Am Ende des Waldes auf der linken Seite zeigt ein Schild zu einem Kneippbecken, das rechts unten liegt. Neben dem Schild steht eine Tafel des Wichtelweges. Unmittelbar nach dem Hinweisschild zweigt links im spitzen Winkel zum Herweg ein unmarkierter Weg ab ❸. Es geht ein paar Meter über die Wiese, an einem Hochsitz vorbei in den Wald. Der Weg macht nach ein paar Metern eine Rechtskurve, führt in eine kleine Senke, aus dieser geradeaus wieder hinaus und gabelt sich kurz darauf. Hier nehmen wir den linken, ebenfalls unmarkierten Weg, der zunächst abfällt.

Der kleine, schöne Waldweg schlängelt sich später leicht ansteigend am Hang entlang um den Plattenhügel nach oben. Manchmal

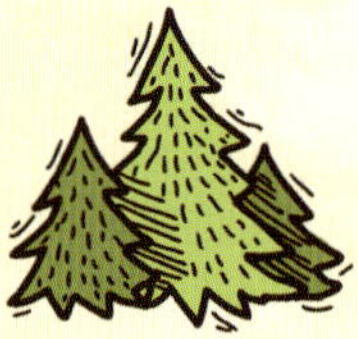

»Das ruhige Tal mit dem plätschernden Bach ist einfach herrlich!«

Wichtelweg

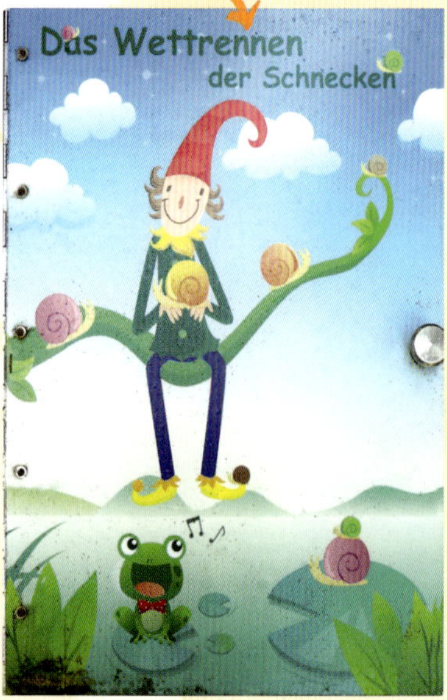

sehen wir große Felsen. Ein kurzes Stück vom Weg ist etwas zugewachsen. Der Weg wird steiler. Rechts taucht eine größere Felsengruppe auf ❹. Danach treffen wir auf der Ebene auf eine Forststraße, der wir nach links folgen. Jetzt begleitet uns wieder der Wichtelweg, zu erkennen ist er an den vereinzelt auftauchenden Wichteltafeln. Am Ende der Forststraße und der Wendeplatte geht der Weg mittig links in einen abschüssigen, wunderschönen Waldpfad über, der im unteren Teil stark vergrast ist. Wieder im Tal steht eine idyllische Rastbank. Hier kann man abkürzen und links zurückgehen. Wir jedoch wandern auf dem Weg rechts, wo uns das blaue Goldsteigzeichen nach Ranfelsmühle bringt. Die Markierung lenkt ein kurzes Stück auf eine Landstraße und nach der Brücke von der Landstraße weg. Hier verlassen wir den blauen Goldsteig und orientieren uns mit der roten 63 nach rechts. Durch das Gelände eines Sägewerks und an einem alten Kanal ❺ entlang weitet sich vor uns das bildhübsche Tal. Das Wasser in den Bächen und im Kanal wird von Quellen gespeist, die in moorigen Böden entspringen. Die darin enthaltenen Huminsäuren färben das Wasser braun. Die Farbe ist also ganz normal. Über einen Wiesenweg am Fuß eines

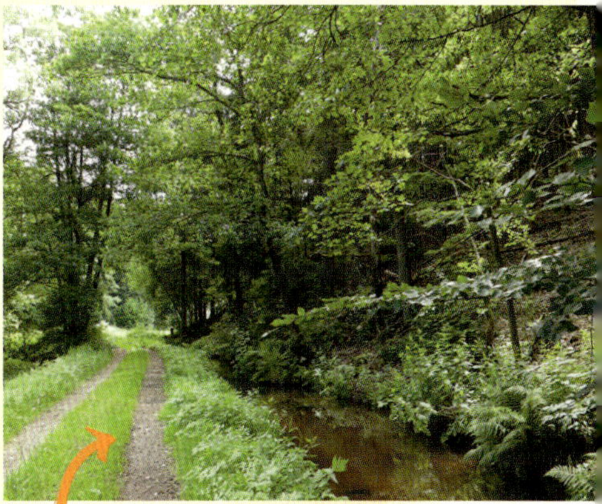

Am alten Kanal bei Ranfelsmühle

Ruhiges Tal zwischen Ranfelsmühle und Neuhof

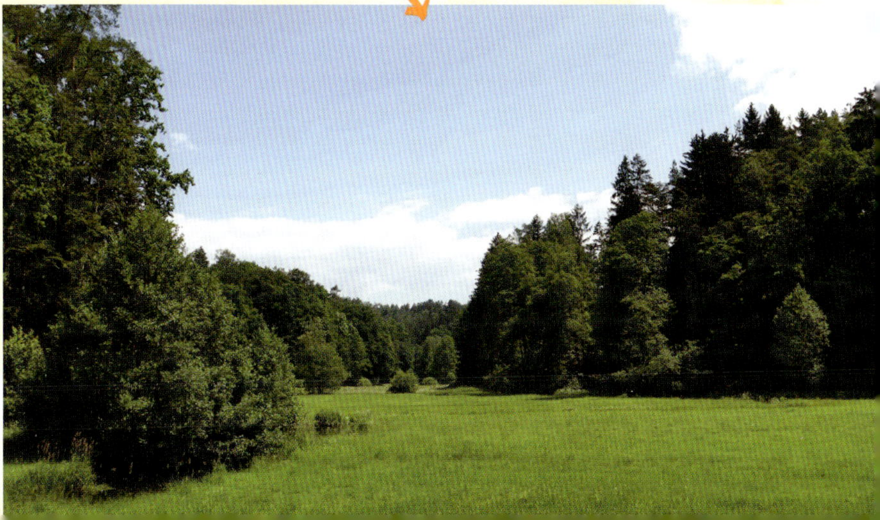

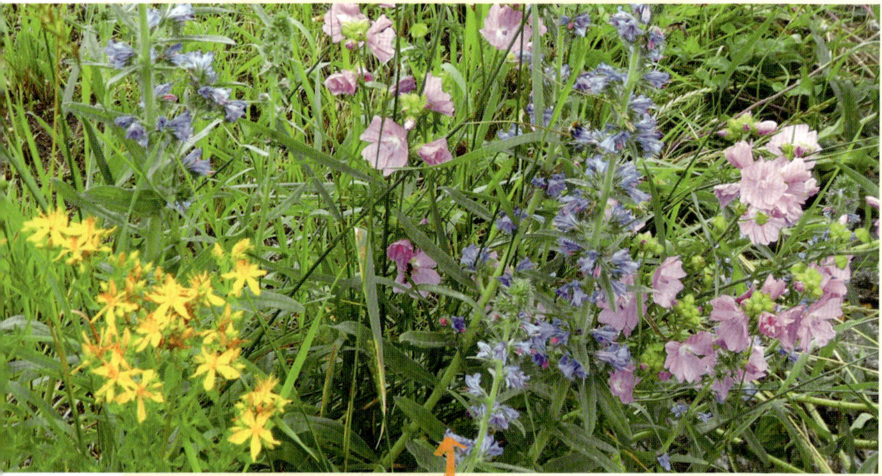

Blumen am Wegrand

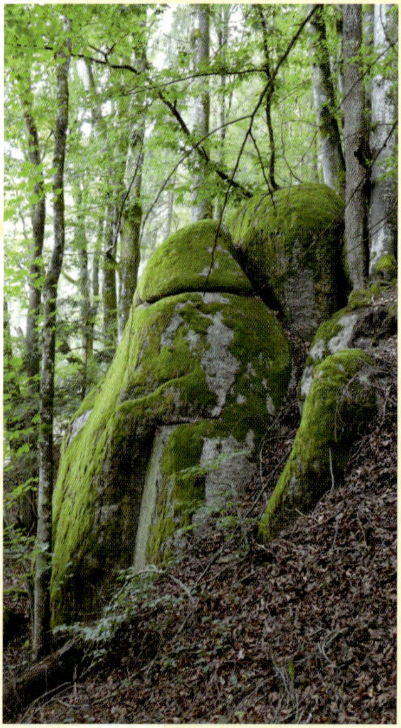

Felsen bei Neuhof

Hanges geht es wieder in einen Wald hinein. Rechts sind Biberspuren zu sehen. Neben dem ansteigenden Weg liegt und steht Totholz herum. Kurz darauf trifft der beschauliche Weg auf eine Forststraße, die von links unten heraufzieht und rechts in eine scharfe Linkskurve übergeht. An diesem Punkt gehen wir mit der roten 68 links bergab, aus dem Wald hinaus und erneut durch das Tal. Wir überqueren den Bach, lauschen den Geräuschen der Natur. Nun führt der kurvige und von großen Felsen gesäumte Weg aus dem Tal hinaus. Dabei begleitet uns ein mäandernder Bach. Auf der Landstraße bei Hauermühle biegen wir ohne Nummer links ab. Leicht ansteigend kommt nach 150 Metern Neuhof, wo wir mit der roten 24 erneut links abbiegen. Am Landhotel mit Einkehrmöglichkeit und

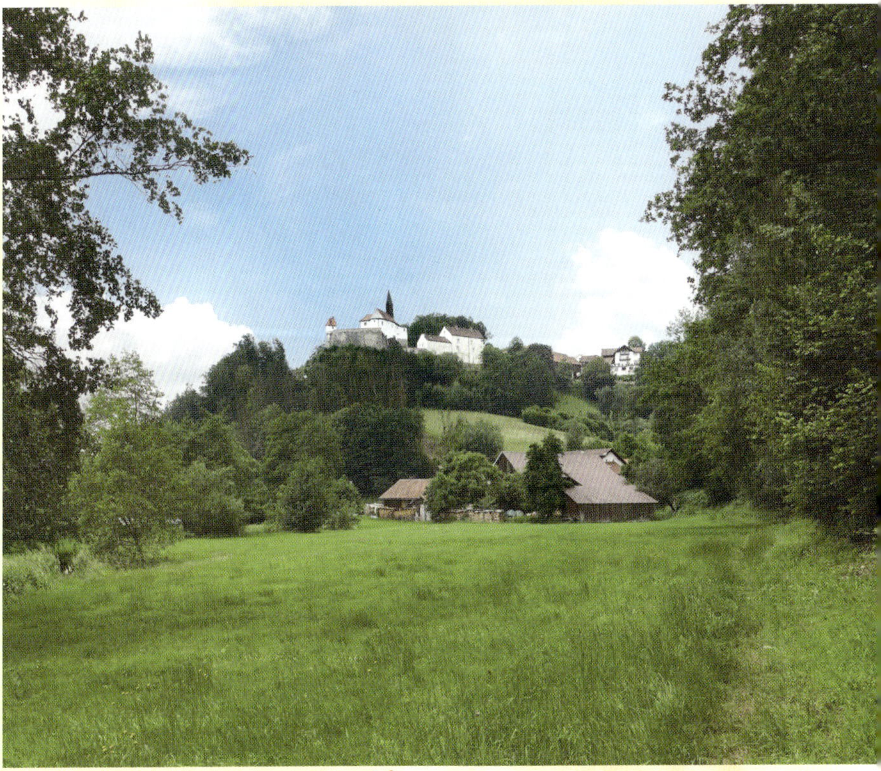

Blick auf Burg Ranfels

dann an einem Weiher vorbei führt die kleine Sackstraße auf eine Kuppe. Ein Waldpfad bringt uns neben beeindruckenden Felsen zurück ins Tal, wo wir einen überraschenden Blick auf die hoch auf einem Bergsporn thronende Burg Ranfels haben ❻. Es ist erstaunlich, dass die auf der Burgmauer sitzende Kapelle nicht herunterfällt. Am Rand der Wiese wandern wir nach Ranfelsmühle. Nun nimmt uns das blaue Goldsteigzeichen links Richtung Ranfels an die Hand. Gemütlich geht es durch das lange und beschauliche Tal, das wir teilweise schon vom Herweg kennen. Wir wandern wieder über die Brücke und zur Landstraße vor. Bei den Häusern in der Kurve verlassen wir den blauen Goldsteig, überqueren dafür die Straße und gehen wenige Meter nach rechts. Sofort nach dem Haus zweigt links ein unmarkierter, ebener Weg von der Straße ab. Am Zugang zum Weg steht ein Warnschild. Das folgende Bachtal ist so ganz anders als die bisherigen

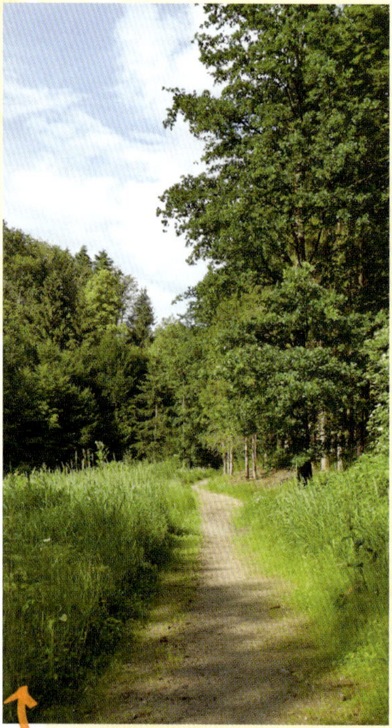

Täler. Es ist schmal, von steilen Hängen gesäumt und überwiegend bewaldet. Schließlich steigt der Weg an, führt an einer Naturverjüngungsfläche und einem Biberbiotop entlang ❼. Über Wiesen trifft er auf den blauen Goldsteig. Links ist ein Abstecher zum Kneippbecken möglich. Wir wenden uns nach rechts und folgen dem blauen Goldsteig nach Ranfels. Nach einer Kapelle auf der rechten und einem alten Bauernhaus auf der linken Seite schauen wir auf das tief unten liegende Tal mit Ranfelsmühle. Gleichzeitig schweift der Blick weit über die vielen vor uns liegenden Hügel hinweg. Kurz danach geht es im Ort links zur Burg. Die Burg ❽ besticht mit einem idyllischen Innenhof, einer Kirche und herrlichen Ausblicken in den Bayerischen Wald. Das Kircheninnere ist überraschend modern gestaltet. Die kleine Lourdes-Kapelle wiederum sitzt spektakulär

Aufgelassener Wanderweg

Biberbiotop

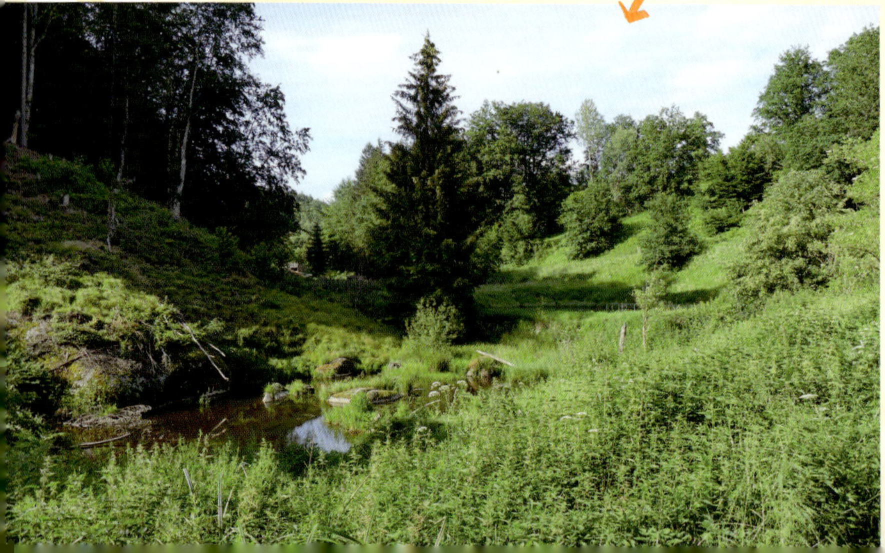

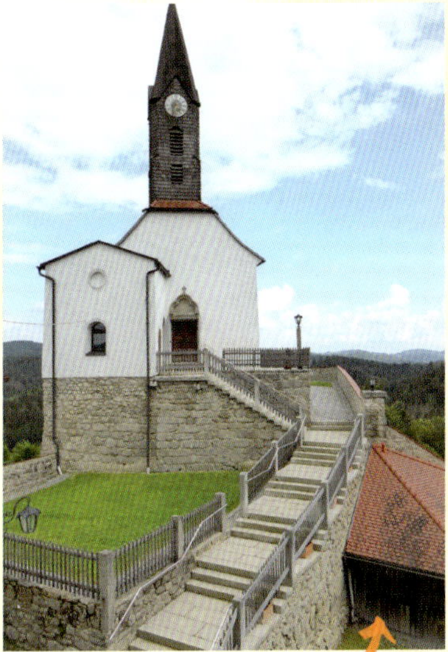

Kirche von Ranfels

auf der Burgmauer über dem Abgrund. Nach dem Inneren der Burg lockt ein toller, teilweise schmaler Rundweg um die Außenmauer. Wie die Burg auf dem gewaltigen Felsen steht, ist beeindruckend. Anschließend bringt uns der blaue Goldsteig auf einem schönen Hangweg durch Mischwald zurück zur Straße, wo sich rechts der Parkplatz befindet.

Essen/Einkehren:

Landhotel Neuhof
Neuhof 4, 94579 Zenting
Telefon: 09907/925
Öffnungszeiten:
März – Oktober: tgl. ab 10:00 Uhr
November – Februar: auf Anfrage

Wasser, Wald und Wackelstein

Mittel

10,5 km

↓↑ 247 m

3½ Std.

Solla – Ebenreuther Stausee – Wiesen – Wackelstein – Loh – Solla

Eine zauberhafte Runde mit einem schön gelegenen Stausee, dem beeindruckenden Wackelstein und einem Kirchlein auf einer malerischen Lichtung.

Markierung:
Unmarkiert – wenige Meter rote 71 – unmarkiert – in Ebenreuth rote 71 – nach Ebenreuth unmarkiert – rote 71

Parken:
Parkplatz in Solla an der Straße Richtung Rettenbach, gegenüber Aufeld 8 (Navi: Aufeld 8, Solla, 94169 Thurmansbang)

Alternativer Start am Ebenreuther See. Parken am nördlichen Ende des Sees. (Navi: Ebenreuther See, 94169 Thurmansbang)

Tourist-Information:
Schulstraße 5,
94169 Thurmansbang
Telefon: 0 85 04/16 42

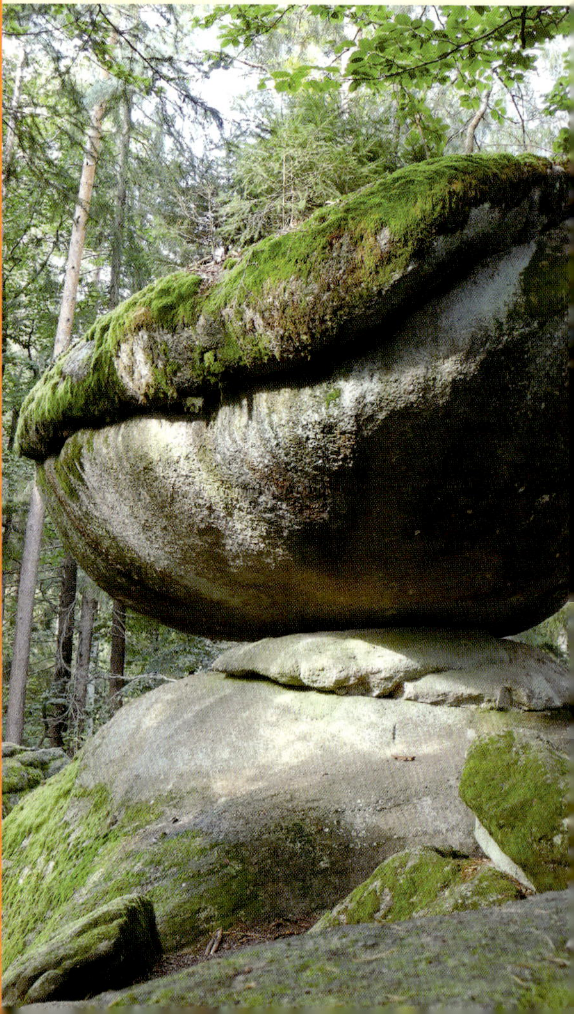

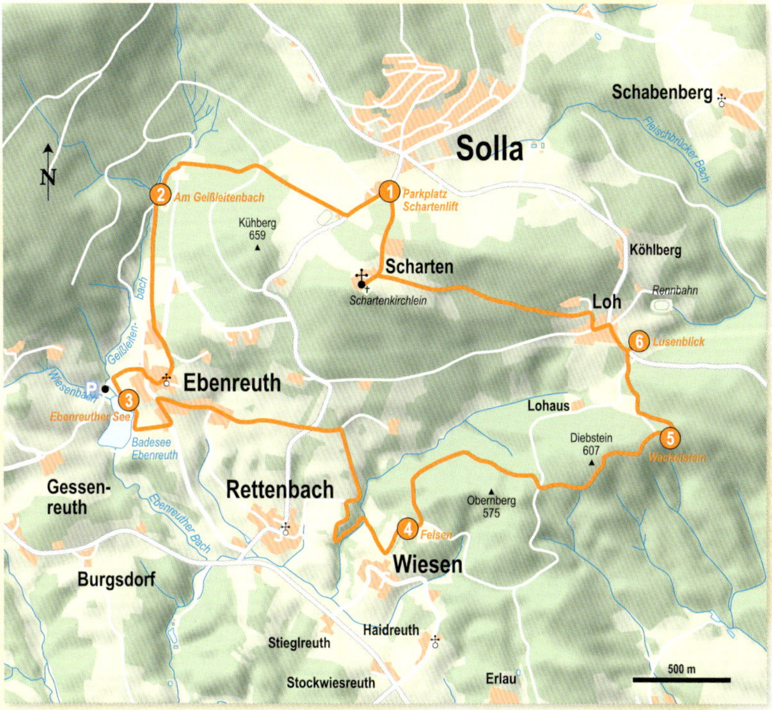

1. Start in Solla
2. Am Geißleitenbach
3. Ebenreuther See
4. Felsen
5. Wackelstein
6. Lusenblick

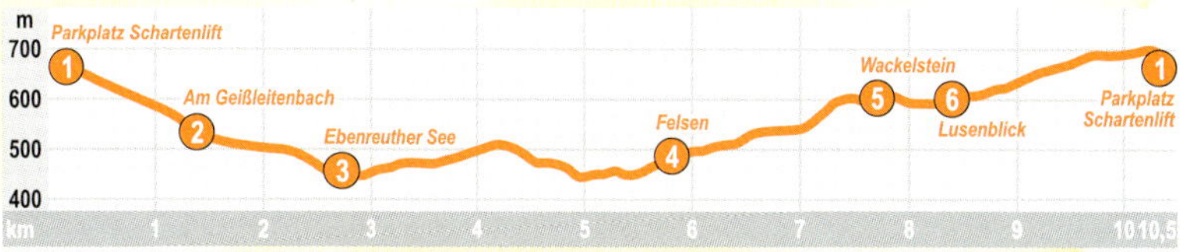

Vom Parkplatz in Solla ❶ folgen wir ohne Markierung der Straße abwärts nach Rettenbach. Die Abzweigung mit der roten 71 rechts ignorieren (sie kann als markierter Alternativweg benutzt werden). Am Ortsschild vorbei freuen wir uns über den schönen Blick auf Wiesen, Wälder und Berge. Nach knapp 200 Metern erreichen wir das abseits stehende Gebäude des Schützenvereins. Vor diesem zweigt rechts ein unmarkierter, bergab führender Weg ab. Den nehmen wir. Er lenkt uns an Feldgehölzen entlang. An einer Scheune vorbei tauchen wir in den Wald ein. Der schöne Weg überrascht mit üppiger Vegetation und kurz danach mit einem Weiher. Wenige Meter weiter ist ein kleiner Platz, von dem drei Wege weggehen. Jetzt aufpassen! Der Weg, der nach links abknickt und dann ansteigt, ist falsch. Wir nehmen den Weg am unteren Ende des winzigen Platzes auf der linken Seite. Der Weg führt zunächst halb links abwärts. Kurz danach gelangen wir an eine idyllische Lichtung mit Rastbank, folgen weiter dem Weg. Wir treffen auf eine querende Forststraße, die mit vielen Wanderwegnummern, unter anderem der roten 71, markiert ist. Wir gehen einige Schritte nach links. Dann taucht rechts eine weitere Lichtung auf. Hier verlassen wir wieder den markierten Weg. Sofort am Anfang der Lichtung wandern wir rechts am Waldrand hinab, folgen dem etwas unscheinbaren Weg. Er geht in eine Linkskurve über, nähert sich im Wald

Blick bei Solla

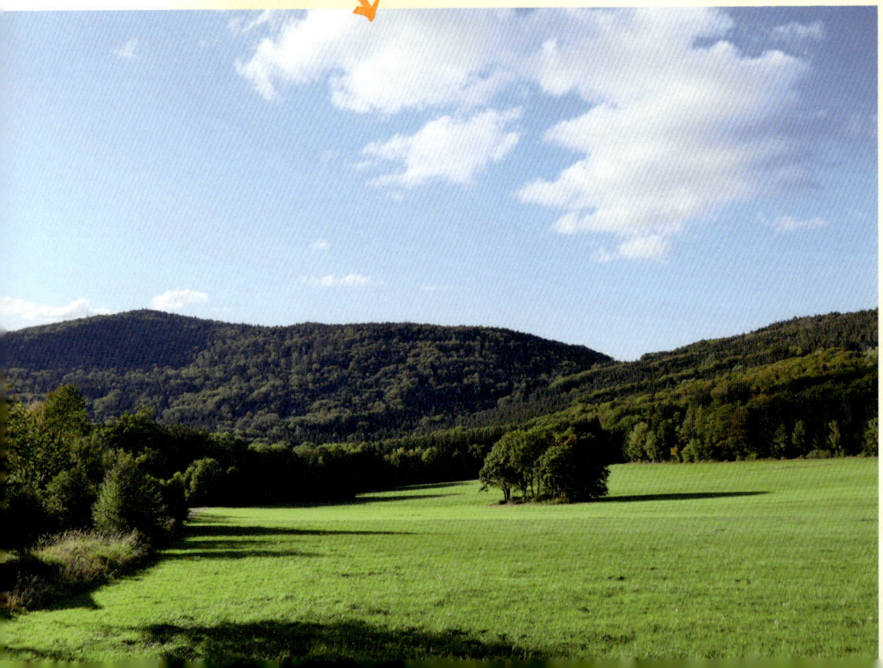

dem unten verlaufenden Geißleitenbach, den wir schon rauschen hören. Wir bleiben auf der linken Seite des Baches ❷, gehen auf ebenem Weg geradeaus weiter. Der Weg führt aus dem Wald und wir genießen eine wunderbare Sicht auf die umliegenden Hügel. Der schmale Weg lenkt uns neben Bäumen und einer abfallenden Weide nach Ebenreuth. Zwischen den Häusern hindurch treffen wir auf eine Straße, der wir rechts folgen. Links erscheint auf einem Hügel eine Kapelle. Nachher macht die Straße eine scharfe Rechts- und dann eine Linkskurve. In der biegt die 71 rechts in eine Sackgasse ab. Gleich an der nächsten Abzweigung links, nach dem kleinen alten Haus aus Holz und Stein, biegen wir abwärts zum Stausee ab. An diesem Ende des Sees ❸ befindet sich der Parkplatz für den alternativen Start. Wir umrunden den malerisch gelegenen See vor dem Bach links. Bei der Infotafel über Wasserwirtschaft und Fischerei gehen wir mit

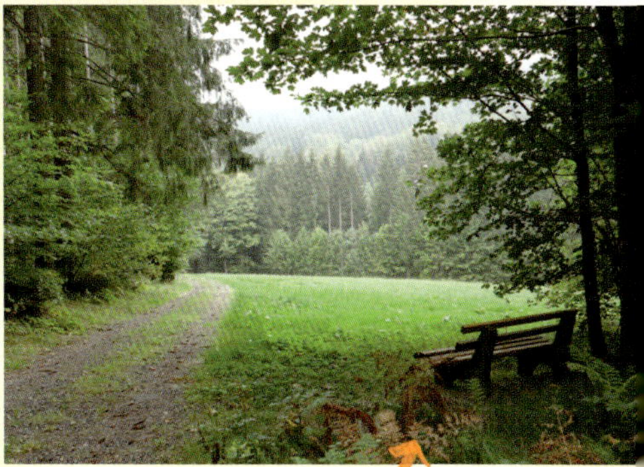

Lichtung im Nebel

der 71 links vom See weg und auf das Dorf zu. Nach den ersten Häusern auf der rechten Seite zweigt die 71 auf eine Straße ohne Namen, aber mit vielen Hausnummern rechts ab. Eben und aussichtsreich geht es durch die Siedlung. Kurz danach verlassen wir den markierten Wanderweg, der rechts abzweigt. Wir bleiben ohne Markierung auf der Straße geradeaus. Sie steigt an, wird dann flacher und wir lassen Ebenreuth mit

Kurz vor Ebenreuth

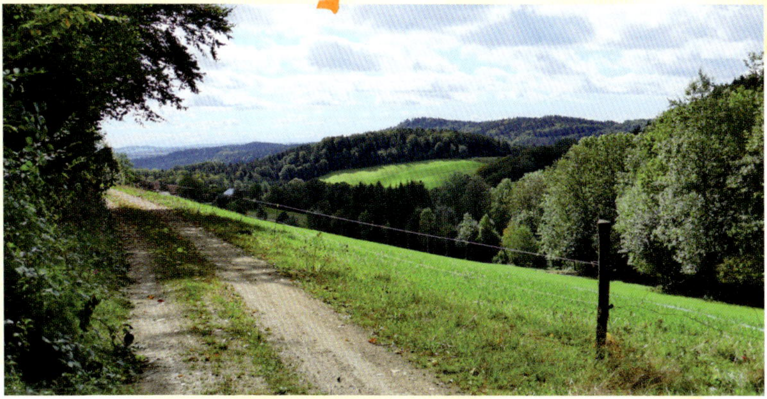

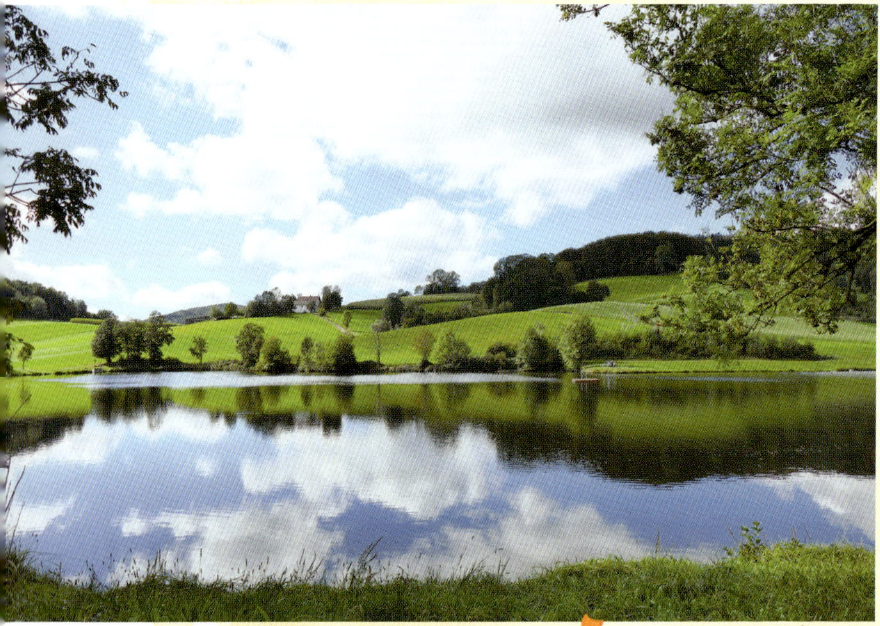

Ebenreuther See

einem schönen Ausblick hinter uns. Eine Straßenkreuzung überqueren und der kleinen Straße geradeaus folgen. Links von der Straße ist ein kleines Wäldchen, rechts sind Felder. In der Linkskurve, bevor auch auf der rechten Seite Bäume auftauchen, zweigt rechts ein Feldweg ab. Auf dem gehen wir über die Felder abwärts, dann am Waldrand entlang. Abzweigende Wege nicht beachten. Nach einer 90-Grad-Rechtskurve treffen wir auf Asphalt und eine Rastbank. Hier biegen wir mit der 71 links Richtung Wackelstein auf einen Waldweg ab. Zunächst geht es im Wald an großen Felsen vorbei, dann am aussichtsreichen Waldrand geradeaus weiter. Der Weg senkt sich kurvig abwärts, zweigt links in ein malerisches Tal ab. Durch schönen Mischwald folgen wir dem leise plätschernden Bächlein. An einem Übergang über den Bach überqueren wir diesen. Geradeaus geht es auf dem Wiesenweg aufwärts, ein Stück am Waldrand entlang, dann eben über Wiesen. Das Dorf vorne heißt „Wiesen". An der T-Kreuzung wenden wir uns auf dem ansteigenden Weg links Richtung Wackelstein. Es lohnt sich, sich immer wieder umzudrehen und einen Blick auf die Umgebung zu werfen. Der Weg führt kurz durch Wald mit beeindruckenden Felsen ❹ und dann zu einer Lichtung. Danach setzt sich der Weg mit einer Linkskurve im Wald fort. Gleich am Anfang fehlt die Markierung 71.

Hier gibt es zwei Wege. Den rechts steil ansteigenden ignorieren. Wir bleiben auf dem bequemen und trotzdem schönen Forstweg, der geradeaus weiterführt. Er umrundet langsam ansteigend den Hügel, lotst durch schönen, sehr grünen Mischwald mit viel Moos und Heidelbeersträuchern. Vögel zwitschern. Später wird der Weg flach. Kurz nach einer Futterkrippe auf der linken Seite gabelt sich der Weg. Die 71 führt auf dem rechten der beiden Wege weiter, überquert wenige Meter weiter eine Forststraße. Nun folgen wir uns links haltend dem Hinweis Richtung „Wackelstein 900 Meter“ und der 71, die in Gehrichtung „Stausee“ anzeigt. Der Wurzel- und Steinepfad steigt an. Immer wieder locken große Felsen zum Stehenbleiben. Später kommen als Markierungen noch die rote 1 und die rote 84 dazu. Auch an diesen können wir uns zeitweise orientieren. Schließlich stehen wir vor dem imposanten Wackelstein ❺. Der 50 Tonnen schwere, halbrunde Stein steht auf einer kleinen Basis. Ich habe es gesehen: Man kann ihn tatsächlich bewegen! Eine Infotafel klärt über den Wackelstein auf. An dieser vorbei ein paar Meter abwärts zu mehreren Wegweisern gehen. Die 71 ist nur in die Richtung markiert, von der wir gekommen sind. Also orientieren wir uns vorübergehend zusätzlich an der 84 und 61 Richtung Thurmansbang, wandern geradeaus eben weiter. Weiter vorne tauchen auch wieder die 71 und die 1 auf. An einer idyllischen Lichtung steht eine Bank. Hier fällt der Blick auf den Brotjacklriegel. Wir setzen den Weg rechts auf dem ebenen Waldweg

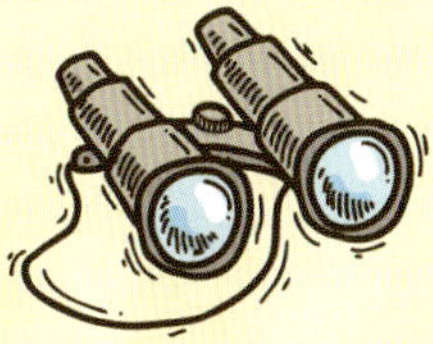

»Über den Wackelstein kann man nur staunen!«

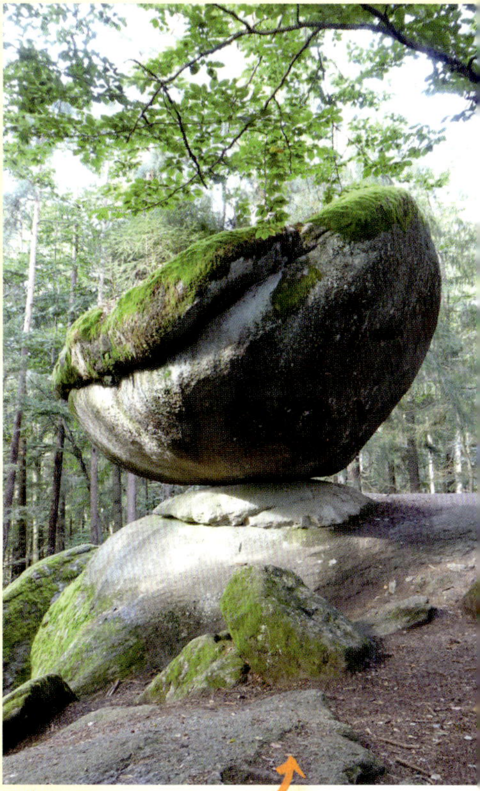

Der Wackelstein

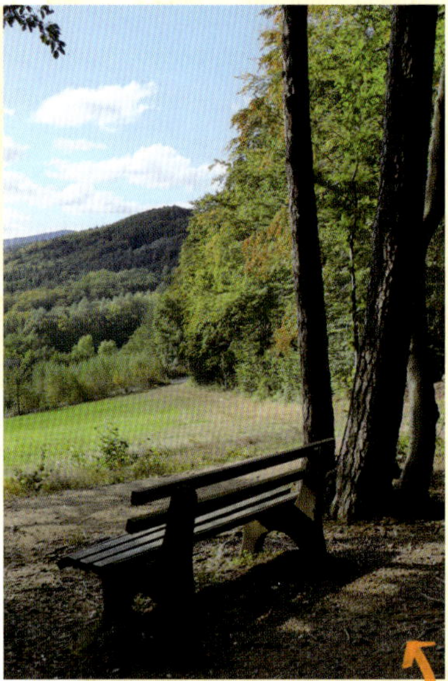

Rastplatz nach dem Wackelstein

fort. Dann überqueren wir geradeaus eine Forststraße und gelangen auf dem kleinen, unmarkierten Weg in wenigen Schritten hinauf zur Landstraße. Gegenüber genießen wir einen herrlichen Blick auf den Lusen und andere Berge des Bayerischen Waldes ⑥. Unten vor uns liegt der Hexenkessel von Loh, in dem jedes Jahr das sogenannte Elefantentreffen, ein winterliches Motorradtreffen, stattfindet. Wir drehen um und gehen auf der Straße rechts. In Loh zweigt gegenüber der Bushaltestelle die 71 links ab, an der nächsten Straße rechts bergauf und dann links über eine Weide. Manchmal ist uns das Glück hold und wir sehen die Alpen! Erneut nimmt uns der Wald auf. Auf einem schmalen Weg mit schönem Bewuchs und teilweise dichtem Unterholz geht es weiter bergauf. Schließlich führt ein Wiesenweg geradeaus

Alpenblick von Loh zum Watzmann

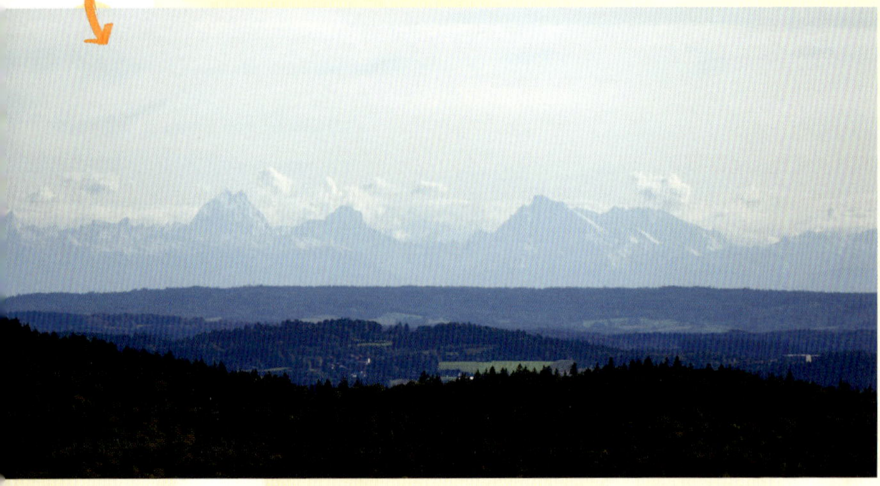

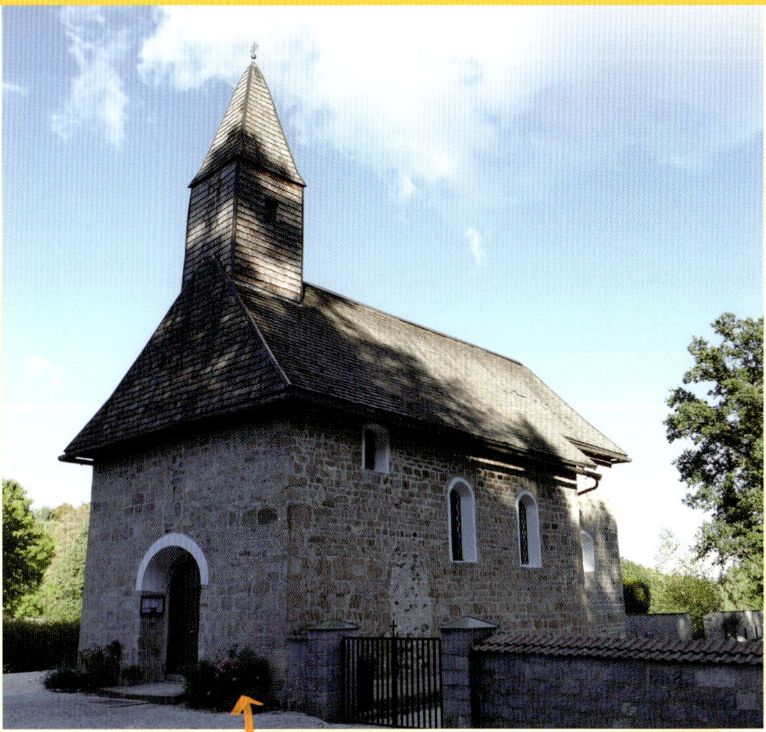

Schartenkirchlein

Ausblick am Ende

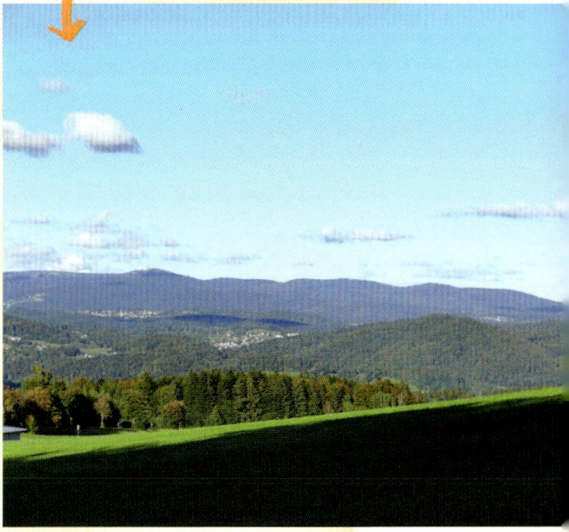

auf einer Hochebene an Feldgehölzen entlang. Links taucht das Schartenkirchlein auf. Nach dessen Besuch führt die Straße an Bäumen entlang, an einem buddhistischen Zentrum vorbei und mit Blick auf den Lusen sind wir in wenigen Minuten wieder am Parkplatz.

Essen/Einkehren:

Keine Einkehrmöglichkeit. Die nächsten finden Sie in Zenting und Kirchberg bei Schönberg.

Mittel

5,9 km

↓↑ 116 m

2 Std.

Zum Gefühlsweg an der Mitternacher Ohe

Kirchberg – Maukenreuth – Mitternacher Ohe – Panhof – Kirchberg

Die herrlich entspannende Runde führt von Kirchberg mit schönen Ausblicken hinab zur malerischen, munter plätschernden Mitternacher Ohe.

Markierung:
In Kirchberg anfangs ohne Markierung – kurz rote 1 – ohne Markierung – rote 8 – nach Maukenreuth kurz ohne Markierung (alternativ rote 8) – Gefühlsweg – bis Panhof rote 8 – zurück ohne Markierung

Parken:
Kirchberg, Parkplatz bei der Kirche neben dem Spielplatz (Navi: Kirchberg, 94513 Schönberg)

Tourist-Information:
Marktplatz 16
94513 Schönberg
Telefon: 08554/9604-42

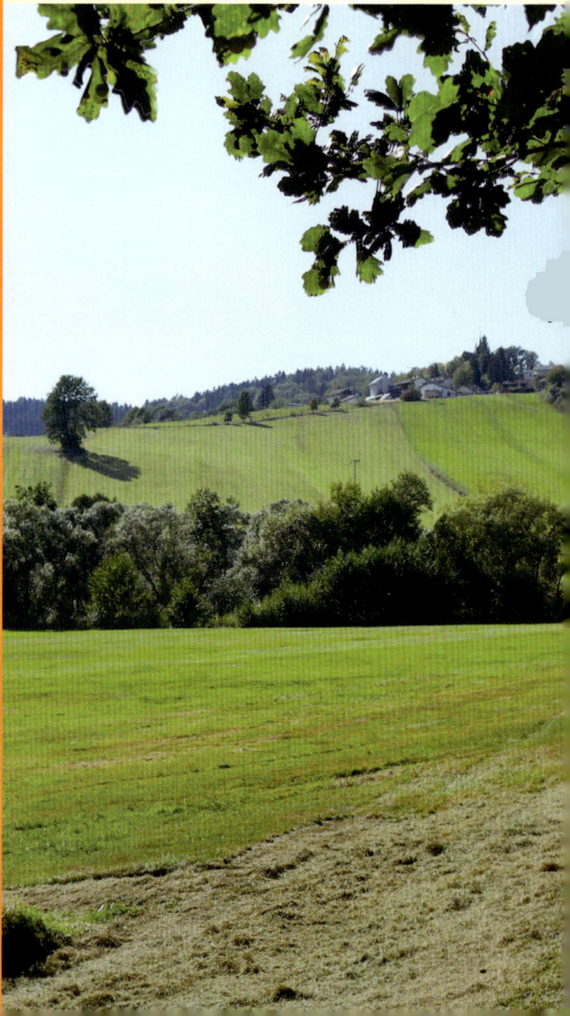

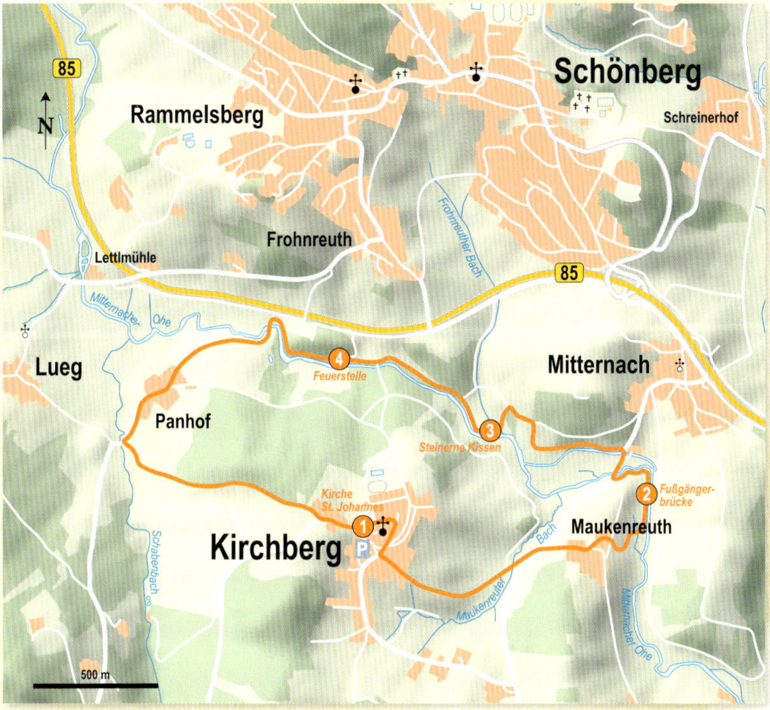

❶ Start - Kirchberg / Parkplatz bei der Kirche

❷ Fußgängerbrücke über die Ohe

❸ Kunstwerk „Steinerne Kissen“

❹ Feuerstelle

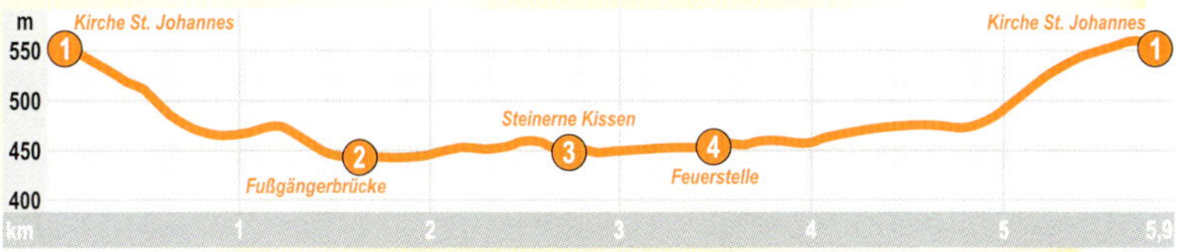

Vom Parkplatz bei der Kirche ❶ in Kirchberg wenden wir uns auf der Straße ohne Markierung nach rechts. An Liegebänken vorbei schweift der Blick über das tiefe Tal auf den gegenüberliegenden Hang nach Schönberg und zum Berggipfel des Rachel. Mit einer Rechtskurve geht es abwärts. Dabei werfen wir noch einmal einen Blick hoch zur reizenden Kirche, die, wie der Name des Ortes „Kirchberg" schon sagt, auf einem Berg steht. Der Glockenturm ist mit Schindeln bedeckt. Wir treffen auf die rote 1, der wir rechts folgen. Wenige Meter weiter zweigt links nach der Hausnummer 66 und gegenüber einer von rechts oben kommenden Straße eine Sackgasse ab. In diese biegen wir ohne Markierung ab.

Die Straße mündet in eine zweispurige Betonspur und führt neben Feldgehölzen und Wildrosen bergab. Mit einer schönen Aussicht auf geschwungene Wiesen und Felder führt der Weg in ein weites Tal, wo die rote

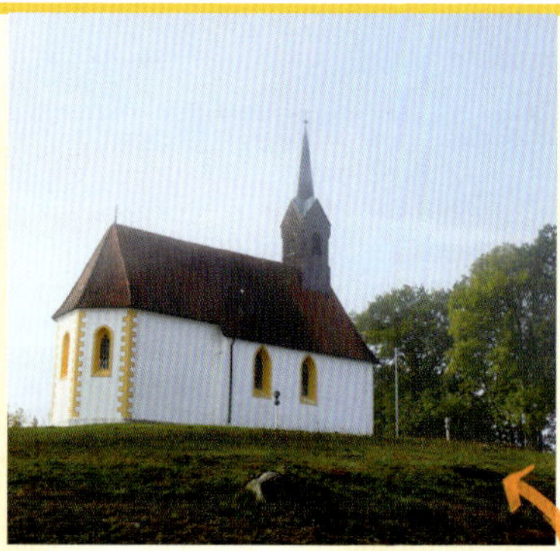

Kirche in Kirchberg

8 (Rundweg Ohetal) dazukommt. Dieser folgen wir geradeaus aus dem Tal hinaus. Wir überqueren schräg links versetzt eine Landstraße und setzen unseren Weg nach Maukenreuth fort.

Beim Hotel gehen wir links durch dessen Gelände, durchqueren den Parkplatz und halten uns am hinteren Ende rechts. Kurz danach biegt links die Beschilderung zur Mitternacher Ohe auf einen abwärts führenden Wiesenpfad ab. (Wer nicht über die Viehweide wandern will, nimmt nach dem Parkplatz den Weg links.) Durch eine Absperrung kom-

Aussichtsreicher Rastplatz

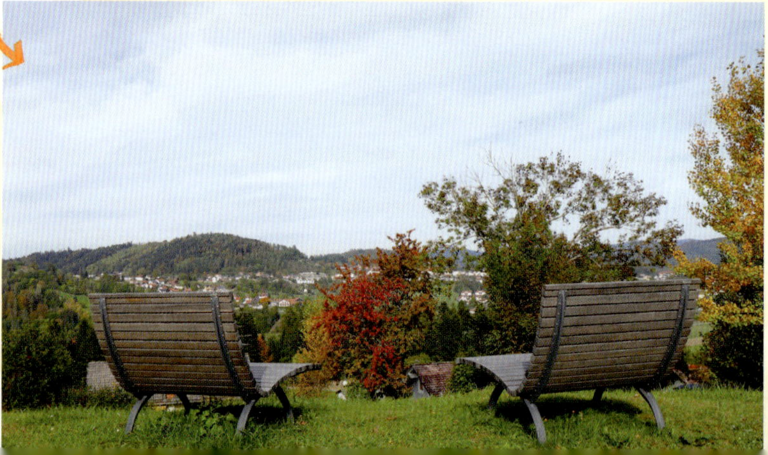

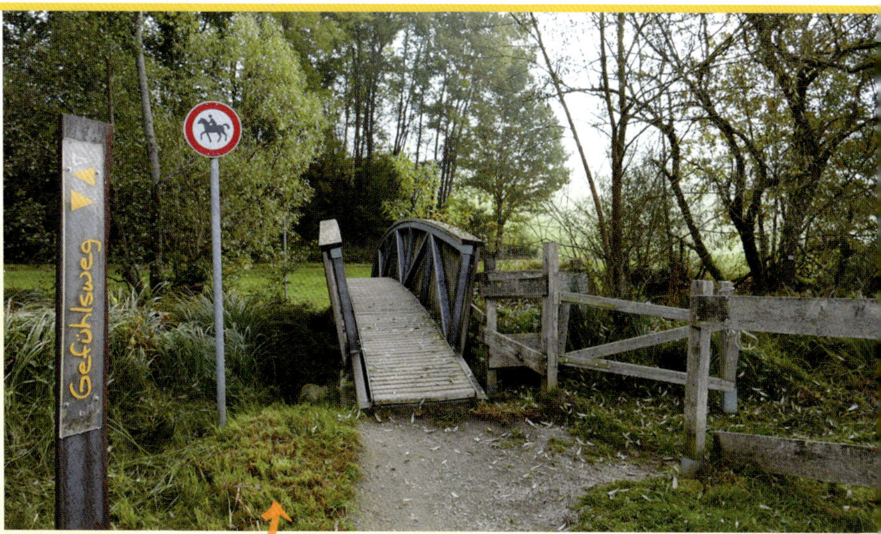

Fußgängerbrücke

men wir auf die Weide, gehen danach einige Meter geradeaus weiter, bis rechter Hand eine Baumgruppe endet. Auf diese zuhalten. An Holzbohlen vorbei und geradeaus über die Wiese gelangen wir an die beschauliche Mitternacher Ohe.

Jetzt dürfen wir uns auf ein breites, nicht mit Schiffen befahrbares Fließgewässer mit Gefälle freuen. Denn das ist die Bedeutung vom Begriff „Ohe".

Am Ufer wenden wir uns weglos nach links. Nach einem Gatter überspannt rechts eine kleine, geschwungene Fußgängerbrücke die Ohe ❷. Wir bleiben aber auf dieser Seite des Baches, folgen der Markierung „Gefühlsweg" zwischen Weidezaun und Wasser bis zur Straße. Dabei stößt von links die 8 wieder auf unsere Runde, die jetzt identisch mit dem Gefühlsweg ist. An der Straße rechts, kurz hintereinander zwei Brücken überqueren, dann links auf die Wiese abbiegen.

An der Ohe bei Maukenreuth

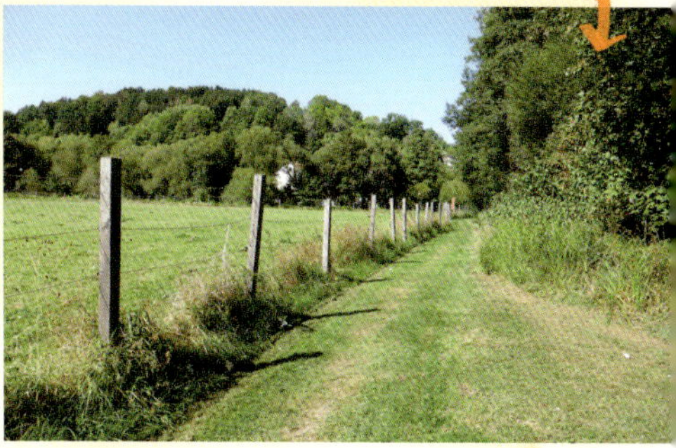

Wiesenweg mit Blick auf Kirchberg

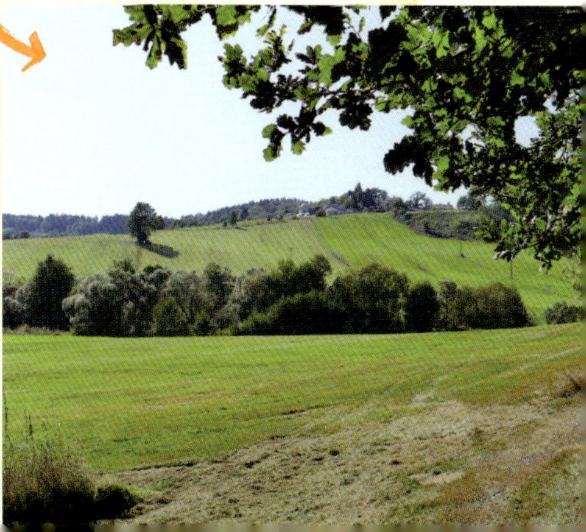

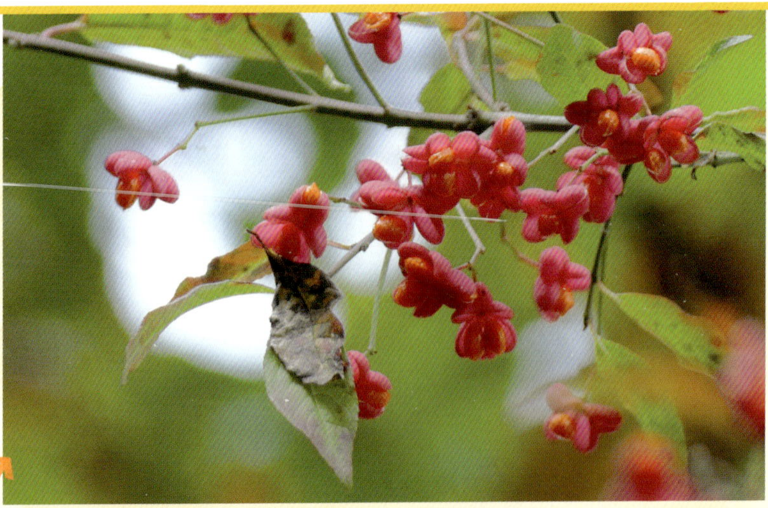

Leuchtende Pfaffenhütchen

Der schöne Weg schlängelt sich über Wiesen im Tal entlang, an einem Kunstwerk vorbei und steigt zu einer Bank am Waldrand hoch. Über Wiesenhänge geht es mit Blick auf Schönberg und den Kadernberg weiter.
Kurz danach lenkt der Weg links direkt zur Ohe hinab. Dort steht das „Steinerne Kissen" ❸. Nun folgen wir rechts dem üppig bewachsenen Ufer. Mögliche Abzweigungen nach rechts ignorieren, immer nahe am munter plätschernden Wasser im Tal bleiben.

Feuerstelle an der Ohe

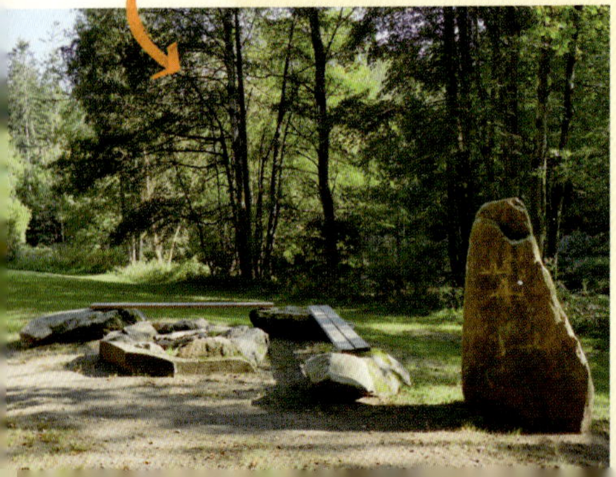

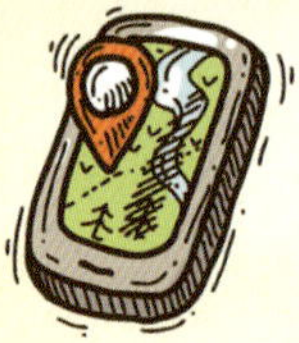

»Das Wasser hüpft munter rauschend über Felsen!«

An einer weiteren Fußgängerbrücke über die Ohe vorbeigehen. Auch danach beachten wir Abzweigungen nach rechts nicht, halten uns immer an den Gefühlsweg und kommen an einer Feuerstelle vorbei ❹.
Immer weiter führt der Weg am Wasser entlang bis zu einer kleinen Straße, der wir links folgen (Markierung Laufstrecke und 8). Über eine kleine Brücke und an Wiesen und Weiden entlang erreichen wir Panhof. In Panhof ignorieren wir die links ansteigende 8, bleiben geradeaus auf der kleinen Straße durch den Weiler. Nach dem letzten Gebäude auf

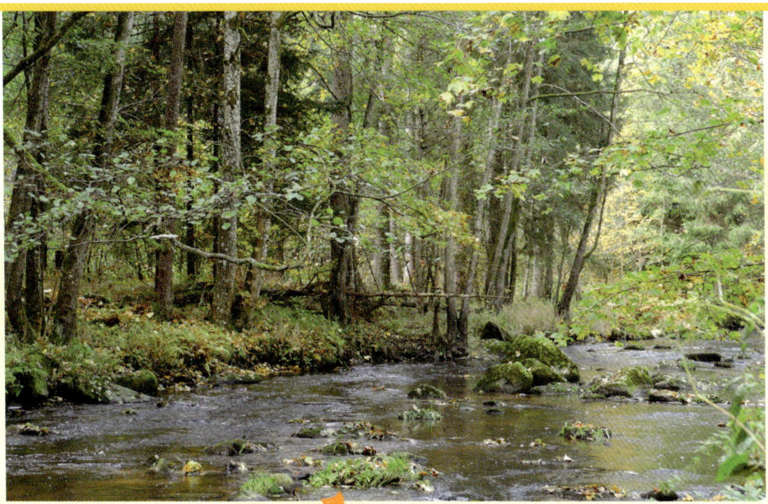

Am Wasser entlang

der linken Seite und kurz vor dem Bach mit einem Bildstock am Ufer, nehmen wir links den unmarkierten Weg über eine Wiese. Er führt über Wiesen und Felder bergauf, geht in eine ansteigende, zweispurige Betonspur und dann in einen befestigten Weg über, schlängelt sich am Waldrand entlang. Dreht man sich um, hat man einen schönen Blick auf die überraschend steilen Hügel auf der anderen Seite der Senke. Vor den Häusern folgen wir rechts dem Weg zur Straße und gehen auf dieser links. Kurz danach stoßen wir wieder auf den Ausgangspunkt.

Essen/Einkehren:

Familotel Landhaus zur Ohe
Maukenreuth 1, 94513 Schönberg
Telefon: 08554/9607-0
Öffnungszeiten: täglich

Steakhaus Fernblick
Kirchberg 94, 94513 Schönberg
Telefon: 08554/9422419
Öffnungszeiten: Auf Anfrage

Hügel bei Panhof

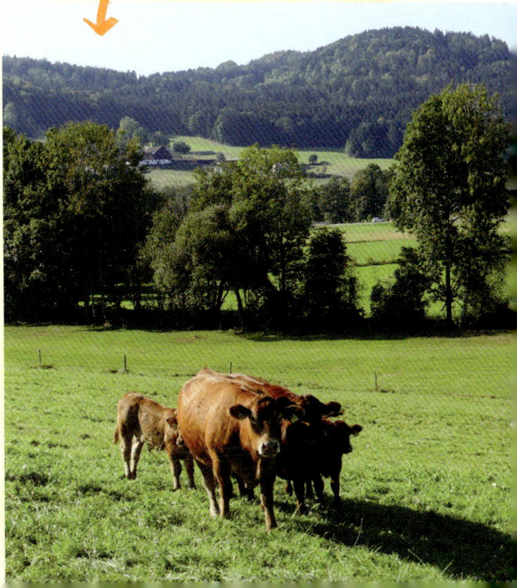

Impressum

Die Autorin:

Sonja Berndl lebt im Bayerischen Wald. Sie ist Diplom-Sozialpädagogin (FH) und hat Ausbildungen zur Waldführerin im Nationalpark Bayerischer Wald und zur Fachberaterin für essbare Wildpflanzen an der Weiterbildungsakademie der Universität Nürtingen absolviert. Bei ihren geführten Wanderungen nimmt sie Interessierte mit in die faszinierende Welt der Wälder und essbaren Wildpflanzen. Webseite: www.bayerischer-wald-wandern-blog.de

Die Autorin dankt Josef Roidl, Manuela Bonfissuto sowie den anderen Verlagsmitarbeiter*innen, die dazu beigetragen haben, dass aus der Idee ein Wanderführer wurde. Ich danke auch meinem Mann Peter Schloth, der mich fleißig unterstützt hat.

Kartographie:

Kartographie Muggenthaler, Heinz Muggenthaler, Stadtplatz 19, 94209 Regen

Abbildungen:

Illustrationen: margaritatkahcenko, 123rf.com; Hintergrund: Bastetamon, fotolia.com; Wanderschuh: VRD, fotolia.com
Titel: 3. Reihe rechts: AdobeStock, ARochau; 4. Reihe links: Manuela Bonfissuto
Dr. Peter Schloth: S. 3 Porträt, S. 26 unten, S. 54, S. 57, S. 70, S. 74 Mitte, S. 75, S. 86, S. 89, S. 90 unten, S. 91 unten, S. 92, S. 94 oben, S. 129, S. 135

Falls nicht anders angegeben, alle übrigen Fotos von Sonja Berndl.

Die Deutsche Nationalbibliothek verzeichnet diese Publikation in der Deutschen Nationalbibliografie; detaillierte bibliografische Daten sind im Internet über http://dnb.dnb.de abrufbar.

FSC® www.fsc.org MIX Papier aus verantwortungsvollen Quellen FSC® C014138

Für uns, die Battenberg Gietl Verlag GmbH mit all ihren Imprint-Verlagen, ist Nachhaltigkeit ein wichtiger Teil unserer Unternehmensphilosophie. Daher achten wir bei allen unseren Produkten auf den Einsatz umweltschonender Ressourcen und Materialien.
Dieses Buch wurde auf FSC®-zertifiziertem Papier gedruckt. FSC (Forest Stewardship Council®) ist eine nicht staatliche, gemeinnützige Organisation, die sich für die verantwortungsvolle und ökologische Nutzung der Wälder unserer Erde einsetzt.

Unsere Partnerdruckerei kann zudem für den gesamten Herstellungsprozess nachfolgende Zertifikate vorweisen:

- Zertifizierung für FOGRA PSO
- Zertifizierungssystem FSC®
- Leitlinien zur klimaneutralen Produktion (Carbon Footprint)
- Zertifizierung EcoVadis (die Methodik besteht aus 21 Kriterien in den Bereichen Umwelt, Einhaltung menschlicher Rechte und Ethik)
- Zertifikat zum Energieverbrauch aus 100 % erneuerbaren Quellen
- Teilnahme am Projekt „Grünes Unternehmen“ zum Schutz von Naturressourcen und der menschlichen Gesundheit

1. Auflage 2021
ISBN 978-3-95587-770-5